«Am Heiligen Abend war es bitterkalt, und die Wege zur Wiese waren stark vereist. Ich überlegte, ob ich den Weihnachtsbesuch ausfallen lassen sollte. Aber das erste Weihnachten ohne Schaf? Undenkbar. Ich hüllte mich in den Mantel und stapfte los. Die Nacht war magisch. Ein Vollmond stand am Himmel, und der Fluss dampfte in der Kälte. Nebel hing zwischen den Bäumen. Es war still, einzig der Schnee knirschte unter meinen Schuhen. Als ich an der Wiese ankam und Pipilotta am Zaun stand, wurde mir klar, dass sie meine Zukunft war. Ich wusste nicht, wie, aber ich wusste, dass ich mir eine Herde aufbauen wollte. Ich wusste, dass ich im nächsten Frühling neue Wiesen finden würde, meine Wiesen. Dass es dort einen Stall geben würde, in dem die Lämmer geboren würden. Dass wir zusammen das Geld verdienen würden, von dem wir alle leben könnten.

Ich habe sehr lange im Stall gesessen in dieser Nacht. Habe Äpfel und Zwieback verteilt, habe den Tieren beim Fressen zugesehen. Ihrem dampfenden Atmen, als sich später alle ins Stroh legten. So sollte es sein. Ein paar Tiere, die ich alle kennen würde. Die alle Namen hätten und die ich von ihrer Geburt bis zu ihrem Tod begleiten würde. Keines von ihnen würde ich in fremde Hände verkaufen.»

Thea Welland

SCHAFE LEBEN NUR IM JETZT

Rowohlt Taschenbuch Verlag

2. Auflage Juni 2020

Originalausgabe
Veröffentlicht im Rowohlt Taschenbuch Verlag,
Reinbek bei Hamburg, August 2015
Copyright © 2015 by Rowohlt Verlag GmbH,
Reinbek bei Hamburg
Umschlaggestaltung ZERO Werbeagentur, München
Umschlagabbildung Thorsten Wulff
Innenabbildungen © Thorsten Wulff,
Seiten 15, 71 © Thea Welland
Gesetzt aus der Dolly PostScript bei
Dörlemann Satz, Lemförde
Druck und Bindung CPI books GmbH,
Leck, Germany
ISBN 978 3 499 62943 3

Die Rowohlt Verlage haben sich zu einer nachhaltigen
Buchproduktion verpflichtet. Gemeinsam mit unseren Partnern
und Lieferanten setzen wir uns für eine klimaneutrale
Buchproduktion ein, die den Erwerb von Klimazertifikaten
zur Kompensation des CO_2-Ausstoßes einschließt.
www.klimaneutralerverlag.de

INHALT

11 VORWORT

17

MAI: **PIPILOTTA**
ODER **WIE ALLES**
BEGANN ...

37

JUNI: **WUNIBALD**
ODER **AUS ZWEI**
MACH VIER

53

JULI: **JOHANNA**
ODER **MITTEN IM**
MELKSOMMER

73

AUGUST: **FLECK**
ODER **DAS GESCHENK**
EINES LEBENS

91

SEPTEMBER: **RONJA**
ODER **EIN ZUHAUSE**
FÜR TIER
UND MENSCH

111

OKTOBER: **AMELIE**
ODER **DIE SEELE**
ALLER DINGE

127
NOVEMBER:
MEPHISTO
ODER EIN
SCHAFLEBEN
LANG

143
DEZEMBER: WANDA
ODER WENN SCHAFE
AUF HUNDE
TREFFEN

163
JANUAR: NERO
ODER EIN FREUND
IN DER NOT

183
FEBRUAR: ALMA
ODER DIE
VERDREHTE
WELT

203
MÄRZ: EMILI, KLARA
UND GUNDA ODER
WILLKOMMEN IN DER
NEUEN HERDE

225
APRIL: FIPS
ODER DAS ENDE
IM ANFANG

245 EPILOG

VORWORT

Dies ist ein Buch von meinen Schafen. Es ist kein Buch über Schafhaltung, nicht über Schafzucht, nicht über Dinge, die in bestimmten Jahreszeiten für Schafe getan werden müssen. Dieses Buch erzählt die Geschichten meiner Schafe, die ich hören kann, wenn ich einmal ganz leise werde. Es erzählt Geschichten von mir, die manchmal absehbar, oft unberechenbar passierten. Und es erzählt von den Momenten, in denen sich unsere Geschichten miteinander verwoben haben.

Ich bin Mitte der siebziger Jahre in Hannover geboren. Einzige Tochter einer Lehrerin und leidenschaftlichen Fotografin und eines promovierten Elektrotechnikers, der mit Leidenschaft das Farbfernsehen miterfand. Die Leidenschaft, Dinge zu tun, wurde mir in die Wiege gelegt. Meine Leidenschaft sind Schafe, meine Schafe.

Ich glaube, kaum ein anderes Nutztier wird so romantisiert wie das Schaf. Es ist meist weiß, meist weich und wollig. Ich will nicht bestreiten, dass ich genau aus diesem Grund zum Schaf kam. Aber ich habe in den letzten Jahren viel gesehen. Ich habe viel gelernt und viel verstanden. Heute habe ich meine Schafe, weil sie mir Milch und Wolle, Felle und Fleisch schenken. Und Ruhe. Es gibt kaum einen anderen Platz als den auf der Weide, auf dem ich besser wieder zu mir kommen kann. An dem sich Gedanken klären und Platz entsteht für neue Ideen. Dafür bin ich dankbar. Dafür gebe ich den Schafen Zeit, viel Zeit. Nicht nur die Zeit des Zäunens im Sommer und des Fütterns im

Winter. Nicht nur die Zeit, wenn ihre Lämmer auf die Welt kommen. Es ist vielmehr die Zeit, in der ich sie sehe. Wenn ich zwischen ihnen stehe und das Spiel ihrer Ohren, die Bewegung ihrer Mäuler und den Tritt ihrer Beine beobachte. Wenn ich versuche, ihre Stimmungen aufzufangen. Wenn ich eine Frequenz finden kann zu fühlen, ob Zufriedenheit herrscht oder Mangel. Und wenn ich hören kann, was sie mir zu sagen haben. Das ist das Wertvollste, für beide von uns. Aber es ist auch das Schwerste, denn mein Kopf ist oft so voll mit menschlichen Belangen. Mit Ängsten und Sorgen und Egomanien, über die ein Schaf nur lachen kann.

Wenn ich dann nicht weiterkomme, frage ich Ulrike, die mir vor langer Zeit half, Wandas Kopf zu retten. Und die in den darauffolgenden Jahren noch vielen meiner Schafe zur Seite stand. Die so viel besser ist im Zuhören und ohne die dieses Buch nicht so klar hätte werden können.

Ich wusste nicht, wohin die Geschichten der Schafe mich führen würden, als ich anfing, die ersten Worte zu schreiben. Ich wusste nicht, über wen ich schreiben sollte, welche Schicksale mich so berührten, dass sie Kapitel um Kapitel füllen könnten. So viele Schafe gab es schon, so viele gibt es noch, und mit allen verbinden mich Situationen und Erlebnisse.

Wir wollen natürlich alle ins Buch. Aber das geht nicht. Also mach kein Theater daraus und entscheide, sagt Wanda. Es ist dein Buch, und wir sind bereit, uns unterzuordnen. Such die heraus, mit denen du am meisten verbinden kannst.

Ich beschloss, mich einfach treiben zu lassen. Und ich fing ganz vorne an.

In den Lebensphasen, in denen die Geschichten passierten, fühlte ich mich oft überfordert. Ich sah keinen Anfang und kein Ende, vor allen Dingen sah ich nicht, wie oft die Schafe meinem Verstand und meinem Herzen schon voraus waren. Ich denke, ich konnte es auch nicht sehen, denn der Weg, den ich eingeschlagen habe, ist nicht der geradlinige, sondern der mit den großen Steinen und unübersichtlichen Kurven. Das Buch hat mir geholfen, Abstand zu gewinnen zu Zeiten in meinem Leben, mit denen ich noch keinen Frieden gemacht hatte. Kapitel um Kapitel habe ich die Erinnerungen hervorgeholt und mich ihnen gestellt. Und mit diesem Abstand konnte ich in jedem noch so dunklen Moment das Gute und Richtige sehen. Meine Schafe haben mir dabei geholfen. Vierzehn Schafe, zwölf Monate, zwölf Kapitel.

MAI: PIPILOTTA ODER WIE ALLES BEGANN ...

Mein Schafjahr beginnt im Mai. Denn in einem Mai kam Pipilotta, und in einem Mai ist sie wieder gegangen.

Pipilotta war mein erstes Schaf. Ihre Mutter ein Milchschaf, der Vater ein Rhönbock; sie hatte braune Ohren und braune Ringe um die Augen zu ihrer sonst weißen Wolle. Bildschön. Als ich sie das erste Mal sah, war sie gerade ein halbes Jahr alt.

Ich war bereits 27 und blickte auf ein Leben zurück, das aus meiner heutigen Sicht in einer anderen Welt stattgefunden haben musste.

Ich bin Einzelkind, unbeabsichtigt, und absolutes Wunschkind. Meine Eltern taten alles und das Beste für mich. Ich ging in den christlichen Kindergarten, in die Pfadfindergruppe und sonntags in den Kindergottesdienst. Ich lernte früh schwimmen und die Musik kennen, um mich später an den Wochenenden in Wettkämpfen zu messen und Beethovens Klaviersonaten zu spielen. Ich erlernte das Cellospielen und ging auf ein humanistisches Gymnasium, welches ich mit großem Latinum und Graecum abschloss. Mit 16 spielte ich noch mit meinen Puppen, und in den Ferien bereiste ich mit meiner Mutter und einem VW-Bus die nahe Welt. Mein Vater arbeitete viel und versorgte uns gut. Ich erlebte das, was man eine behütete Kindheit nennt, und ich fühlte mich auch so. Dennoch war eine Leere in mir, von der ich nicht wusste, woher sie kam, geschweige denn, wie sie zu füllen war. Mit 16 flüchtete ich mich in eine Magersucht, mit 18 zog ich aus und sah mich das erste Mal mit den Realitäten des Lebens konfrontiert. Ich ging in den Rettungsdienst, um Geld für Miete und Lebensmittel zu verdienen und um die Zeit bis zu einem Studium der Veterinärmedizin zu überbrücken. Und ich lernte das Partyleben kennen. Ich ließ die Sau raus. Ich holte nach, was ich meinte, in den letzten Jahren verpasst zu haben, und es dauerte nicht lange, bis ich mit Ecstasy und Koks neue Freiheit und neue Freunde fand. Und immer wieder und immer noch diese Leere in mir.

In dieser Zeit verstarb mein Vater. Leise, nach dreimonatigem Koma. Den Werten, die er und meine Mutter mir vermittelten, verdanke ich es, dass ich im Sommer 1995 in Berlin auf der Loveparade stand und wusste, dass das nicht mein Leben sein konnte. Dass die Sucht nach Vergnügen und Rausch mich in den Abgrund führte. Ich ließ alles stehen, meine Freunde, meine Drogen, und fuhr nach Hause. Ich kaufte mir von meinem letzten Geld einen Hund, und glasklar entstand in mir der Wille, zurück zu meinen Wurzeln zu gehen, zu den Wurzeln meiner Vorfahren – aufs Land. Die Ausbildung, die ich im darauffolgenden Sommer auf einem Bauernhof antrat, war Therapie und Erfüllung zugleich. Es war schwer. Nicht so sehr die körperliche Arbeit – ich bin groß und war immer schon sportlich – als vielmehr das plötzliche Leben in einer Großfamilie und Arbeitsgemeinschaft. Ich hatte absolut keine Ahnung von Landwirtschaft. Aber mein Leben begann JETZT.

Der erste Bauernhof, auf den ich kam, lag malerisch in der Wedemark. Ein typischer norddeutscher Backsteinbau mit großer Tenne, 20 Milchkühen und 40 Schweinen. Rechts von der Tenne ging es in den Kuhstall, geradeaus in die Küche, die Schlafzimmer lagen oben darüber. Die Kühe lebten noch in Anbindehaltung, kamen aber im Sommer nur zum Melken in den Stall, im Winter waren sie wenigstens tagsüber auf der Weide. Das Klimpern der Ketten und Schnauben der Tiere, wenn sie in der dunklen Jahreszeit im Stall blieben, gehört zu meinen schönsten Erinnerungen an diese Zeit. Gemolken wurde über eine Rohrmelkanlage, das heißt, der Melker trug das Melkgeschirr von einer Kuh zur anderen und molk im Sitzen zwischen den Tieren. Es war mein erster Kontakt mit dieser Arbeit überhaupt, und mit Begeisterung verschwand ich zwischen den dicken Kuhbäuchen, so dass mein Chef mich für ein wahres Melkwunder hielt. Noch an meinem ersten Tag saß ich auf dem Schlepper und lenkte mit klopfendem Herzen das Ungetüm über die Feldwege. Schweine füttern, Kühe holen, Ställe misten. Ich liebte es, und der Bauer war voll des Lobes. Erst in der Heuernte kam ich an meine Grenzen. Meine ungeübten Städterhände waren die schwere Arbeit nicht gewohnt. Bald konnte ich nachts vor Schmerzen nicht schlafen, eine Entzündung des Nervs lautete die Diagnose. Operation beider Hände, erst links, dann rechts, sonst würden innerhalb weniger Wochen Tastsinn und Bewegungsfreiheit vollends verschwinden. Dauer der Heilung: zwölf Wochen.

Ich war geschockt, verzweifelt, mein neugewonnenes Leben so schnell wieder verloren zu haben. Ich ging zurück in die Stadt, in meine Wohnung, und ließ mich behandeln. Zu dem Schmerz und der plötzlichen Untätigkeit kam die Angst, vor den tüchtigen Bauersleuten als Versagerin dazustehen. Ich ging weiterhin in die Landwirtschaftsschule und wartete darauf, dass ich wieder arbeiten konnte.

Als ich drei Monate später auf den Hof kam, war die Stimmung eine andere. Die herzliche Derbheit des Bauern war Zurückhaltung gewichen, und ich fühlte mich ausgeschlossen. Es trat ein, womit ich niemals gerechnet hatte: Ich musste den Hof verlassen, weil die Bauersfrau es nicht ertrug, dass ihr Mann mit einem weiblichen Lehrling die Tage verbrachte.

Jahre später erfuhr ich, dass es dort längst keine Kühe mehr gibt. Mastschweine in neugebauten Stallsystemen sichern nun das Einkommen der Familie.

Für mich war klar, dass ich meine Ausbildung in einem Milchviehbetrieb fortsetzen wollte. Es fand sich ein Hof mit 120 Milchkühen und Pensionspferdehaltung nebst Reithalle, auf dem ich sofort anfangen konnte. Hier wehte ein anderer Wind. Gemolken wurde in einem 12er-Fischgrät, was bedeutet, dass beidseitig eines Grubenganges jeweils fünf Kühe wie Gräten hintereinanderstehen. Der Melker sieht die Kühe hereinkommen, später nur noch Euter und Klauen und verrichtet seine Arbeit von der gefliesten Grube aus. Vorbei war es mit Kuhbäuchen und Melkgeschirren auf engstem Raum. Es fiel mir schwer, mir die Kühe anhand ihrer Euter einzuprägen, zu viele waren es, die in immer anderer Reihenfolge den Melkstand betraten. Das Futter wurde nicht mehr mit der Schubkarre in den Stall gefahren, sondern mit einem großen Mischwagen, den zu befüllen schnell meine Aufgabe wurde. In der dritten Woche zertrümmerte ich mit dem Siloschneider die Heckscheibe des Schleppers – der Klassiker unter Azubikatastrophen. Aber ich biss mich durch. Bald fand ich Gefallen an dieser größeren Betriebsamkeit. Hier arbeiteten der alte Bauer und seine Frau, der Sohn und bei Arbeitsspitzen wie der Getreide- oder Heuernte auch die Brüder mit. Das Gemeinschaftsgefühl, zusammen diese vielen Tiere zu versorgen und die Früchte der Felder einzubringen, tat mir gut. Das war eine Zukunft, die ich mir damals vorstellen konnte. Ich lernte schnell und viel auf diesem Hof.

Aber ich sah auch den enormen Druck, unter dem das Geld verdient werden musste, und ich erlebte, wie sich unter diesem Druck der mitfühlende Umgang mit dem Tier verbot. Kälber wurden im Schnelldurchgang aus ihren Müttern gezogen, weil die Gülle auf das Feld musste. Dass sie wenigstens ein paar Tage zusammenbleiben konnten, war unmöglich, denn die Milch brachte den Umsatz. Am schlimmsten war für mich aber der Umgang mit den Kühen, die nach fünf Jahren und vier Geburten nicht mehr die erwünschte Leistung brachten und einem Viehhändler verkauft wurden. Der Transporter kam, das Tier wurde verladen und verschwand vom Hof. Nicht nur einmal sah ich den Bauern dem Wagen hinterherschauen, und ich frage mich bis heute, ob ich ihn verurteilen oder mit ihm fühlen sollte. Und ich fragte mich, ob ich diese Landwirtschaft leben wollte, ob ich Tiere und Pflanzen «produzieren» wollte, denn so lautete die offizielle Bezeichnung der Lehrfächer in der Schule. Eine kurze Liaison mit einem Jungbauern aus dem Nachbardorf zeigte mir, dass es sich in anderen Betrieben mit anderen Tieren – konventionelle Masthähnchenhaltung – ähnlich verhielt. Aber ich kannte nichts anderes, und daher war es für mich richtig. Ich verließ den Hof nach einem Jahr mit dem Ziel, nach der Ausbildung die Meisterschule zu besuchen und später in einen Betrieb einzuheiraten.

Der Ausbildungsplan sah vor, das letzte Lehrjahr in einem gänzlich anderen Betrieb zu verbringen, und so verschlug es mich in ein winziges Dorf nahe Celle. Ein Biolandbetrieb mit 4000 Legehennen, Masthähnchen und Mutterkuhhaltung. Meine Vorurteile waren gewaltig. Zum einen betrachtete ich die

Milchkuhhaltung als die Königsdisziplin der Landwirtschaft und konnte mit Hühnern rein gar nichts anfangen, zudem bedeutete Mutterkuhhaltung so gut wie keinen engen Kontakt mit den Tieren, die fast das ganze Jahr auf der Weide verbrachten. Und Bio – nun ja – war damals noch eine Nischenbewegung. Meine alten Chefs hatten kein gutes Haar daran gelassen.

Umso überraschter war ich, als ich am Ende eines Feldweges, kurz vor dem Nirgendwo, einen kleinen Einsiedelhof entdeckte. Ein leuchtend grüner Bauwagen verkündete, er sei der Hofladen, und auf dem Schild am Eingang hießen den Besucher alle Bewohner des Hofes willkommen. Geführt wurde der Betrieb von einem jungen Paar, nur wenig älter als ich, dessen Begeisterung für das, was sie taten, bald auf mich übersprang.

Hier lebten Hühner und einige Hähne in kleinen Gruppen zusammen. Die Ställe waren den natürlichen Bedürfnissen der Tiere entsprechend eingerichtet – besonderer Clou war ein ehemaliges Transportband einer Legebatterie, das der Chef zu einem Schlafplatz für seine Biohühner umfunktioniert hatte. Auf den umliegenden Wiesen widmeten sich die Tiere ausgiebig Würmern und dem Sonnenbaden, wobei ab und an eines dem Habicht zum Opfer fiel. Die Eier sammelten wir jeden Mittag mit der Hand ein, und ein heimlicher Wettstreit entbrannte darum, wer die meisten gefüllten Eierpappen übereinandergestapelt noch tragen konnte. Den Rekord von 17 Pappen hielt ungebrochen Artur, der polnische Angestellte.

Die Masthähnchen lebten in noch kleineren Gruppen in umgebauten Wohnwagen bei den Kühen auf der Weide. Nachdem sich immer wieder einzelne von ihnen in den Weidenetzen verfingen, ließen wir sie bald frei laufen. Und da Hühner sich nie weit von ihrem Unterschlupf entfernen, waren die Netze auch gar nicht notwendig.

Und die Kühe: Limousins, die in meinen Augen zu den schönsten, aber auch sportivsten Kuhrassen gehören. Stundenlang war ich damit beschäftigt, Weidezäune auszubessern und die Stromführung zu garantieren, denn die Herde wieder einzufangen war ein anstrengendes und nicht ganz ungefährliches Unterfangen. Nicht unbedingt der Bulle, der in der Herde mitlief, war die Gefahr, sondern vielmehr die Mütter mit ihren Kälbern. «Willst du dich umbringen», sagte meine Chefin, «dann geh zu der Kuh, wenn sie gerade gekalbt hat.» Einzig sie durfte sich der Mutterkuh nähern, um zu sehen, ob bei der Geburt alles glattgelaufen war.

Es gefiel mir auf diesem kleinen Hof. Eier und selbstgemachte Nudeln, Fleisch und Wurst verkauften wir auf dem Markt oder im Hofladen. Die Wertschätzung und Anerkennung der Kunden zeigte mir, dass diese Art der Landwirtschaft sehr wohl ein Miteinander mit dem Tier ermöglichte. Denn glückliche Kühe liefern gutes Fleisch, und glückliche Hühner große Eier.

Und dann kam die BSE-Krise. Über Nacht war das Rindfleisch keinen Pfennig mehr wert, und die Nachfrage nach Eiern verfünffachte sich. Natürlich wollten wir diese Nachfrage bedienen. Neue Räumlichkeiten für neue Hühner wurden bereitet, Ställe und Gruppen vergrößert. Es wurden weniger Eier aussortiert, aber die Menge reichte nicht aus. Also beschlossen wir, Eier zuzukaufen. Wir besuchten den ehemaligen Ausbildungsbetrieb der Chefin, und ich lernte meinen ersten 10 000er Hühnerstall kennen. Ein Trumm von einem Gebäude, hell zwar, aber staubig. Und laut. Das Krakeelen der Hühner war unglaublich. Dazu das Rasseln der laufenden Futterbänder. Und dieser wahnsinnige Staub. Um den Stall herum Hektare grüner Wiesen mit vereinzelten Büschen darauf. Da ein Huhn sich aber nicht weit entfernt, waren die nahen Meter direkt um das Gebäude herum kaum noch als Wiese zu erkennen. Das sollte biologisch sein? Ich wollte nicht verurteilen, aber die Erkenntnis, dass das Tierwohl selbst in der ökologischen Landwirtschaft unter der Wirtschaftlichkeit zusammenbrach, erschreckte mich. Vielleicht aber war ich auch einfach nur naiv.

Wir fuhren nach Hause mit Paletten von Eiern, die uns aus den Händen gerissen wurden. Wir fuhren noch oft, denn ein Ende der Krise war nicht abzusehen, und die Baumaßnahmen auf unserem Hof gingen nur langsam voran. Trotz aller Arbeit verloren wir aber nicht die Freude an ihr. Unsere Hühner blieben weiterhin in den kleinen Ställen, die Hähnchen auf den Weiden. Und als ein blindes Huhn – Hühni! – auftauchte, durfte ich es in einer kleinen Ecke im Stall päppeln und versorgen.

Das Jahr neigte sich langsam dem Ende zu, und mir stellte sich die Frage, wie es nach Abschluss der Ausbildung weitergehen sollte. Ich war ratlos. Ich fand für mich keinen Weg, das Glück des Tieres – und Tiere halten wollte ich – mit einer Wertschöpfung zu vereinbaren, von der ich leben konnte. In einen Betrieb einheiraten wollte ich schon gar nicht mehr, also blieb noch ein Studium. Ich fand zudem, dass ein akademischer Titel mir gut stehen würde, also bewarb ich mich in einer Kleinstadt in Nordhessen, an deren Uni ökologische Landwirtschaft gelehrt wurde. Meine Chefs hatten ebenfalls dort studiert, und was sie erzählten, klang vielversprechend. Wir verabschiedeten uns voneinander in Freundschaft und mit dem Versprechen, uns irgendwann wiederzusehen.

So kam ich nach Witzenhausen. Dass sich hier mein weiteres Leben abspielen sollte, dass ich hier meinen Weg finden würde, war mir damals noch nicht klar. Denn der Anfang gestaltete sich recht holprig.

Aus der liebgewonnen Einöde des Celler Vorlandes kam ich zwar in eine Kleinstadt, war nun aber jeden Tag umgeben von Mitstudenten, Lehrkräften und Mitbewohnern. Von der harten körperlichen Arbeit und ständigen Bewegung an der frischen Luft kam ich in Vorlesungsäle und Chemielaboratorien. Nicht nur einmal gelang es mir nur mit Mühe, die Augen offen zu halten. Aber ich merkte schnell, dass ich vieles aus dem Lehrplan bereits aus der Berufsschule kannte, und so nahm ich mir immer öfter die Freiheit, mit meinem Hund die Gegend zu durchstreifen und die Skripte unter freiem Himmel zu lesen.

So traf ich auf Pipilotta. Ihre Wiese lag an einem von mir fast täglich genutzten Spazierweg, und was mir zuerst auffiel, war das bunte Durcheinander von Tieren, das dort lebte. Da waren zwei Ziegen – Lotte und Hugo, wie ich später erfuhr –, mehrere Gänse, fünf Kaninchen, Willi, das Hängebauchschwein, und Berta, das Schaf, mit ihren zwei Lämmern. Eines davon Pipilotta, die diesen Namen damals noch nicht trug. Ich war begeistert und beschloss, die Halter dieser kuriosen Mischung – unweigerlich Mitstudenten – auszumachen und meine Mitarbeit anzubieten. Das war nicht schwer, und die beiden nahmen meine Hilfe gerne an. Meine Aufgabe wurde es, morgens die Gänse und Kaninchen aus den Ställen zu lassen und die ganze Bagage zu füttern. Ich war sehr glücklich, neben der ganzen Theorie die Möglichkeit zu haben, praktischer landwirtschaftlicher Arbeit nachzugehen, die ich sehr vermisste.

Meine Zuneigung zu Pipilotta war nicht sofort da. Immerhin hatte ich bis dato noch nichts mit Schafen zu tun gehabt. Vielmehr faszinierte mich das kleine Schwein, das sich täglich durch die Wiese wühlte. Aber ich glaube, dass es Pipilotta von Anfang an klar war, dass wir zusammengehörten. Anders kann ich mir nicht erklären, dass ich, als es Zeit war, die Lämmer abzugeben, sofort und ohne Umschweife erklärte, ich würde das Schaf kaufen. Ich hatte zu dem Zeitpunkt nichts: weder eine Wiese noch einen Zaun, kein Winterfutter und keinen Stall. Ich konnte nur den Gedanken nicht ertragen, Pipilotta in fremde Hände zu geben.

Die Zeit drängte, Berta ging es nicht gut, und beide Lämmer sollten so schnell wie möglich weg, damit sich ihre Mutter von der anstrengenden Milchproduktion erholen konnte. Ich zog los und klapperte alle mir bekannten Schafhalter ab, die ich auf meinen Spaziergängen kennengelernt hatte, ob ich für ein paar Wochen ein kleines Schaf zu den ihren stellen durfte. Ich fand schnell jemanden, einen älteren Herrn, der seinen an einem Hang gelegenen Garten von fünf Schwarzköpfen kurz fressen ließ. Ich kaufte Pipilotta ein Halsband, und wir beide zogen mit viel Gejammere ihrerseits und viel Gemurmele, später Geschimpfe meinerseits los. Irgendwann kamen wir in ihrem neuen Zuhause an, und ich werde nie vergessen, wie das kleine Schaf an dem steilen Hang stand und kläglich in Richtung seiner Mutter blökte. Damals zerriss es mir fast das Herz, heute weiß ich, dass dieses Schauspiel meist nur von kurzer Dauer ist und bald das grüne Gras viel interessanter.

Der Sommer zog ins Land, die ersten Prüfungen standen an, und da ich bis auf tägliche Besuche keine Arbeit mit meinem Schaf hatte, widmete ich mich vermehrt meinem Studium – bis die beiden Studenten an mich herantraten und mich baten, für einige Monate die Betreuung ihrer Tiere zu übernehmen, sie würden für ein Praktikum nach Neuseeland reisen. Ich sagte sofort zu und organisierte, dass Pipilotta wieder in ihre alte Herde kam. Schon von weitem ging das Geblöke zwischen Berta und ihrer Tochter los. Ich konnte kaum glauben, dass sie sich nach so langer Zeit noch wiedererkannten. Ich wusste damals wirklich wenig über Schafe.

Der Winter kam, und die Arbeit wurde mehr. Ich fuhr das Wasser täglich warm auf die Weide, damit es nicht sofort gefror. Das Heu holte ich alle paar Tage vom Bauern, da ich keine großen Lagermöglichkeiten hatte. Ich sammelte altes Brot, über das sich Ziege, Schaf und Schwein gleichermaßen freuten. Nur die Kaninchen traf es hart. Nacheinander verschwanden sie aus ihren Ställen, um wahrscheinlich bei geizigen Menschen auf dem Weihnachtsteller zu landen. Ich erstattete Anzeige gegen Unbekannt, aber ändern konnte ich es nicht.

Am Heiligen Abend kam ich spät von einem Besuch bei meiner Mutter nach Hause. Es war bitterkalt, weit unter null Grad. Ich hatte Äpfel gekauft und Zwieback, Weihnachtsgeschenke für mein Schaf. Die Wege zur Wiese waren stark vereist, mit dem Auto konnte ich nicht dorthin. Ich musste es rund drei Kilometer entfernt stehen lassen und überlegte tatsächlich, ob ich den Weihnachtsbesuch ausfallen lassen sollte. Ich fror, bevor ich überhaupt den ersten Schritt tat. Aber das erste Weihnachten ohne Schaf? Undenkbar. Ich hüllte mich über dem Mantel in die Hundedecke und stapfte los.

Die Nacht war magisch. Ein Vollmond stand am Himmel, und der Fluss dampfte in der Kälte. Nebel hing zwischen den Bäumen, hell erleuchtet vom Mond. Es war still, einzig der Schnee knirschte unter meinen Schuhen. Als ich an der Wiese ankam und Pipilotta dort am Zaun stand und auf mich wartete, wurde mir klar, dass sie meine Zukunft war. Ich wusste nicht, wie, aber ich wusste, dass ich mir mit ihr eine Herde aufbauen wollte. Ich wusste, dass ich im nächsten Frühling mit meinem Schaf neue Wiesen finden würde, meine Wiesen. Dass es dort einen Stall geben würde, in dem neue Lämmer geboren würden. Dass wir zusammen das Geld verdienen würden, von dem wir alle leben könnten. Ganz klar war dieser Gedanke.

Ich habe sehr lange im Stall gesessen in dieser Nacht. Habe die Äpfel und den Zwieback verteilt, natürlich an alle. Habe den Tieren beim Fressen zugesehen. Ihrem dampfenden Atmen, als sich später alle ins Stroh legten. So sollte es sein. Ein paar Tiere, die ich alle kennen würde. Die alle Namen hätten und die ich von ihrer Geburt an bis zu ihrem Tod begleiten würde. Keines von ihnen würde ich in fremde Hände verkaufen.

Pipilotta lag neben mir. Sie strahlte eine große Gelassenheit aus, eine Gelassenheit, das Leben so zu nehmen, wie es ist und das Beste daraus zu machen. Das hatte sie tief in sich. Und das half mir oft in den folgenden Jahren, wenn es mal nicht so einfach und rund lief, wie ich es mir in dieser Nacht vorgestellt hatte. Ich erinnerte mich dann an diesen Moment und machte weiter.

Nach dem Winter kam der Frühling, und mit ihm trat die Werra über die Ufer. Unsere Wiese lag ebenfalls im Überschwemmungsgebiet, und die braunen Fluten näherten sich täglich mehr. Wie aber jetzt zu erkennen war, lag diese eine Wiese etwas erhöht. Während Äcker und Bäume im schlammigen Wasser verschwanden, trotzten Schafe, Ziegen und Schwein auf ihrer Insel dem Fluss. Es war wie ein Wunder.

Weniger wunderbar war es für mich, die ich ja irgendwie dorthin gelangen musste. Einziges funktionierendes Gefährt war in diesem Fall das Fahrrad, und so band ich meine Beine in riesige Müllsäcke und fuhr los. Anfangs konnte ich sogar noch einen Anhänger mit Heu ziehen. Als der aber von der Strömung umgerissen wurde und ich gleich mit, schnallte ich den Ballen fortan auf den Gepäckträger. Das Wasser war Gott sei Dank nicht tief.

Ich bezeichne dies aus heutiger Sicht als absolut leichtsinnig, damals war es ein Abenteuer. Nur stieg das Wasser immer weiter, und die Feuerwehr machte sich mit Schlauchbooten bereit, die kleine Herde zu retten. Aber wieder wie durch ein Wunder sank der Pegel in der darauffolgenden Nacht, und zwei Tage später hatte sich die Werra gänzlich in ihr Flussbett zurückgezogen. Ein bisschen schade fand ich es schon, denn Willi und Pipilotta im Schlauchboot hätte ich gerne gesehen. Die Tiere waren sicherlich heilfroh. Und für den nächsten Winter zog ich mit Schaf und Schwein an einen Berg um, den das Wasser niemals erreichen würde.

Viele solcher Geschichten passierten uns in den nächsten Jahren. Über einige habe ich gelacht, über andere geweint. Sie werden an anderer Stelle in diesem Buch erzählt. Pipilottas Geschichte endete Pfingsten 2008. Es war wieder Mai, es war sonnig und warm. Laue Nächte lockten Kinder – ich nenne sie so, auch wenn sie bereits älter waren – ins Grüne, und brodelnde Hormone verführten zu halsbrecherischen Taten. In diesem Fall zu Autorennen auf Feldwegen. Ich weiß nicht genau, was in jener Nacht passiert ist. Ich kann es mir nur vorstellen. Es muss furchtbar gewesen sein, für alle Schafe. Immer wieder aufflammende Scheinwerfer, heulende Motoren, die Aggressivität, die von diesen Kindern ausging. Noch heute treiben mir die Gedanken daran die Tränen in die Augen.

Ich kam wie jeden Morgen zur ersten Kontrolle an die Weide und bemerkte als Erstes, dass der Zaun am Boden lag. Er war zerfetzt, die Stäbe zerbrochen. Die Schafe allerdings waren alle noch da. Ungewöhnlich, da sie gerne jede Gelegenheit nutzen, um einen Spaziergang zu machen. Mir fiel weiter nichts auf an den Tieren. Ich verteilte etwas Hafer, und alle kamen, um zu fressen. Was mir sehr wohl auffiel, war, dass der Zaun im gegenüberliegenden Feld gelegen haben musste, da etliche Rapsschoten im Netz hingen. Ich hatte von Kindern gehört, die sich nachts hier herumtrieben, und beschloss sofort, die Tiere auf eine abgelegenere Wiese zu bringen. Ich steckte schnell die neuen Zäune und kehrte zurück, um mit der Herde loszulaufen.

Alles war wie immer. Beinahe. Wir waren fast angekommen, als mir auffiel, dass Pipilotta nicht wie sonst als Leittier vorwegging. Als Nächstes der Augenblick, der in Actionfilmen so gerne in Zeitlupe dargestellt wird: Ich drehte mich um, unsere Blicke trafen sich, und ich wusste sofort, dass irgendetwas absolut nicht stimmte. Pipilotta ging weit hinter der Herde, ihre beiden Lämmer dicht bei sich. Sie ging langsam und blieb immer wieder stehen. Ich bekam eine fürchterliche Angst.

Ich ließ die anderen Schafe einfach vorweglaufen und rannte zu ihr zurück. Ich redete auf sie ein und versuchte zugleich, irgendwelche Verletzungen auszumachen. Ich konnte nichts finden. Blut auf der weißen Wolle hätte ich sofort gesehen. Den Lämmern fehlte auch nichts. So gingen wir nur langsam weiter. Auf der neuen Wiese legte sie sich gleich unter einen Baum. Dort blieb sie. Ich fuhr alle zwei Stunden dorthin, brachte Wasser und Zwieback. Beides lehnte sie ab. Mir kam der grausame Gedanke, sie wäre an der Blauzunge erkrankt, einer neuen Seuche, die zu der Zeit gerade in Hessen ankam. Ich rief den Tierarzt, und als Pipilotta am nächsten Morgen Nasenbluten bekam – eines der ersten Symptome –, bestätigte mir dieser den Verdacht. Ich ließ sie behandeln, aber nichts half. Vielmehr schien sie immer mehr in sich zusammenzusinken. Ich hielt sie im Arm und sang ihr leise Lieder vor.

Zwei Tage später kam der Arzt, um sie einzuschläfern. Ich habe viel geweint an diesem Tag. Ich rief den Abdecker an und gab den Auftrag, das Tier zu obduzieren. Ich wollte wissen, ob meine Herde von der tödlichen Seuche bedroht war. Der Veterinär, der mich daraufhin kontaktierte, erklärte mir mit betroffener Stimme, er hätte so etwas noch nicht gesehen. Was denn um Gottes willen geschehen sei? Das Schaf, meine Pipilotta, hätte große Mengen Blut im Bauch, Rippen einseitig und Wirbel zum Teil gebrochen. «Gewaltiger Aufprall», hörte ich noch. Mir wurde schlecht. Schuldgefühle trafen auf neue Tränen, verzweifelte Wut wurde zu blankem Hass. Die Schuldgefühle überwogen. Ich hatte nichts gesehen. Ich hatte nichts gespürt – nicht das Richtige. Ich hatte Pipilotta auf einen letzten Umtrieb geschickt, und das tapfere Schaf war mir gefolgt.

Ich weiß bis heute nicht, wer diese Kinder waren. Natürlich habe ich Anzeige erstattet, aber ein paar Wochen später teilte mir ein offizielles Schreiben mit, dass die Untersuchungen eingestellt würden.

Hätte ich ihr helfen können? Ich glaube nicht. Mein Blick war damals noch nicht so scharf, wie er es jetzt ist. Ich habe meinen Frieden gemacht mit dieser Nacht. Und ich denke, dass Pipilotta das ebenfalls gemacht hat. Sie beschützte ihre Lämmer und überließ sie mir.

Ich denke viel an Pipilotta, heute noch. Ich bin ihr dankbar, so unendlich dankbar für das, was sie für mich getan hat. Wo wäre ich heute, wenn ich sie nicht getroffen hätte in diesem Mai? Pipilotta gab mir alles mit auf den Weg, was ich brauchte, um die Herde so aufzubauen, wie sie jetzt ist. Leise höre ich ihre Stimme.

Ich bin immer da, ich bin die Mutter aller Schafe, die bei dir sind, ich habe immer ein wachendes Auge auf euch. Aber du geh nach vorne, geh mit dem Leben. Du weißt alles, was du wissen musst, hör auf dein Herz und auf deine Intuition. Vertraue darauf und geh voran.

Ich verließ die Wiesen an diesen Wegen und zog mit den Schafen weit weg.

JUNI: WUNIBALD ODER AUS ZWEI MACH VIER

Als Pipilotta etwa ein Jahr alt war, beendeten meine Freunde ihr Studium und beschlossen, noch im selben Jahr nach Köln zu gehen. Natürlich mit Berta, Willi und den Gänsen. Das hieß für Pipilotta und mich, uns nach einer neuen Herde umzuschauen, denn alleine sind Schafe nicht gerne.

In einem zwei Kilometer entfernten Dorf standen ein paar Tiere zum Verkauf. Ich verabredete mich mit dem damaligen Besitzer und machte mich an einem sonnigen Samstag mit Rad und Hund auf den Weg. Ich war einige Zeit zu früh und beschloss, schon einmal einen Blick in die Scheune zu werfen, in der die Schafe standen. Als meine Augen sich an das Dämmerlicht gewöhnt hatten, war das Erste, was ich sah, ein riesiger Bock mit schwarzer Wolle und aristokratischer Nase. Ein beeindruckendes Tier. Ruhig. Besonnen. Der Vater meiner zukünftigen Herde. Für mich war der Handel bereits geschlossen. Tatsächlich war der Schäfer sehr froh, dass ich Wunibald – das war sein Name – am liebsten sofort mitgenommen hätte. Wir wurden uns schnell einig, und ich konnte den Bock und noch ein weiteres Schaf, Silka, mein Eigen nennen. Ich war stolz und aufgeregt, denn ich war dabei, meine eigene landwirtschaftliche Existenz zu gründen, die jedoch gleich an der Frage zu scheitern drohte, wie ich mit den beiden zu meinen Wiesen gelangen sollte. Ich hatte weder ein großes Auto noch einen Anhänger, aber ich hatte ausgiebig Zeit. Also zu Fuß. Mit dem Schaf an der Leine im strahlenden Sonnenschein über den Berg. Ich war zwar immer schon unerschrocken im tierischen Umgang, die noch fremden Schafe und einige vielbefahrene Straßen auf unserem Weg aber ließen mich nervös werden. Unnötig, denn Wunibald folgte mir ruhig und zielstrebig, als wüsste er, dass am Ende des Weges etwas Wichtiges auf ihn warte. Lediglich die Länge der Reise zwang uns zu etlichen Pausen, so dass wir fast einen halben Tag brauchten, bis wir schließlich bei Pipilotta ankamen.

Ich kann mich nicht mehr genau an den ersten Moment erinnern, als Pipilotta und Wunibald zusammentrafen. Ich glaube, damals war ich vor allem froh, dass ich mit den Neulingen gut angekommen war. Aber ich beobachtete die beiden in den nächsten Tagen, und es bestätigte sich, was Wunibald mir auf unserem Hinweg bereits gezeigt hatte. Pipilotta und er, sie beide gehörten zusammen. Sie hatten sich gesucht und gefunden und strahlten zusammen eine Kraft aus, die mir das Gefühl gab, alles zu schaffen. Eine Herde aufzubauen. Eine Aufgabe zu finden, für die Schafe und für mich.

Silka, das Schaf, das mit Wunibald kam, blieb zeit ihres Lebens etwas abseits der beiden. Sie fand ihr Zuhause dort. Wirklich dazu gehörte sie nie.

Ich hatte mich bei der Auswahl der Schafrasse für Ostfriesische Milchschafe entschieden, die nur saisonal, das heißt nur im Herbst/Winter, tragend werden. Die Lämmer kommen fünf Monate später, meist im Februar/März. Es war erst Sommer, und ich hatte genügend Zeit, einen größeren Stall mit angrenzender Weide zu suchen. Prädestiniert für solche Objekte waren die Hanglagen rund um Witzenhausen, an denen es zuhauf verlassene Wochenendhäuser und verwilderte Wiesen gab. Dort wurde ich fündig, glücklich, aus dem Überschwemmungsgebiet zu entkommen, mir allerdings nicht bewusst, dass auf einen Berg eben alles hinaufgebracht werden muss. Mein Auto ließ ich – sportlich wie ich war – so oft wie möglich für mein Fahrrad stehen und zog Batterien und Wasserkanister im Anhänger hinter mir her. So weit, so gut. Als jedoch gleich im ersten Winter Unmengen an Schnee fielen, wurde mir etwas ganz anderes zum Verhängnis: Ich kam aus der norddeutschen Tiefebene, in der das Fahren bei viel Schnee auf hohen Bergen so gut wie nie notwendig war. Das Heu, welches ich im Sommer gekauft hatte, lag bereits am Stall unter Plane, nur das Trinkwasser musste ich tagtäglich den Berg hinaufbekommen. Als das Fahrrad gleich in der ersten Schneewehe versank, traute ich mich anfänglich noch im Auto die verschneiten Wege hinauf. Binnen weniger Tage aber wurde die Strecke zur meistgenutzten Rodelbahn des Ortes, nach einer Woche bedeckt von glänzendem Eis. Die Befahrbarkeit war vollends dahin. Ich kaufte einen Schlitten. Auf diesen passten zwei Kanister mit jeweils 25 Liter Wasser, die für drei Tage reichten. Alle drei Tage kämpfte ich mich also schnaufend und schwitzend den Berg hinauf, damit meine junge Herde nicht verdurstete. Meine Begeisterung für meine kleine Landwirtschaft stieg und fiel mit der Trinkfreudigkeit meiner Schafe. Schlussendlich sah ich es sportlich und entdeckte meine Leidenschaft für MP3-Player und Hörbücher, die mir von nun an etliche Stunden langwieriger Arbeiten versüßten.

Und irgendwann war auch der Winter vorbei. Pipilotta war dick und rund, und Ende Februar war es endlich so weit. Als ich morgens zum Stall kam, hörte ich schon von weitem das zarte Blöken kleiner Lämmer und stürzte aufgeregt die letzten Meter zum Zaun. Da waren sie: zwei kleine schwarze Lämmchen, sich hinter und unter ihrer Mutter versteckend, wohlauf und munter. Ich hatte zwar während meiner Ausbildungszeit immer wieder mit Geburten von Nutztieren zu tun gehabt, aber dennoch war dieser Moment ein ganz anderer. Das waren meine Tiere, mit aller Freude und Verantwortung, die ich in diesem Augenblick empfand. Ich wusste, dass erstgebärende Schafe oft unruhig waren, Angst hatten, weil sie nicht wussten, was auf sie zukam. Ich musste an Hebammen und Geburtsvorbereitungskurse denken. Pipilotta war alleine gewesen. Und hatte es alleine geschafft. Wunibald lag in einer entfernten Ecke und käute gemächlich wieder. Sahen die beiden stolz aus? Ich war es auf jeden Fall. Eine genaue Inspektion der beiden Lämmer ließ ein Böckchen und ein Mutterlamm erkennen. Mephisto und Lara. Ich desinfizierte die Nabelschnüre und zog mich wieder zurück. Silka lammte wenige Tage später, ebenfalls ein Bock- und ein Mutterlamm, und auf einmal war meine Ein-Schaf-Herde auf stattliche neun angewachsen.

Ich suchte und fand neue Wiesen, kaufte weitere Netze und verbrachte jede freie Minute bei den Schafen. Sogar für meine Prüfungen lernte ich dort.

Als ich eines schönen Sommertages mit meinen Büchern bei der Weide ankam, bot sich mir ein Bild, welches sich bis heute fest in meinen Erinnerungen verankert hat. Wunibald lag in seiner ganz eigenen ruhigen Kraft in der Sonne, blinzelte träge und käute wieder. Vor ihm, geradezu an ihn gekuschelt, lag Pipilotta, ebenfalls kauend, aber aufmerksam die Umgebung betrachtend. Vor Pipilotta, auf ihren Hinterbeinen, lagen Lara und Mephisto, die Köpfe im Gras und tief schlafend. Es war ein andächtiger, friedvoller Moment, der mich nur anhalten und sehen ließ. Durch nichts wollte ich ihn stören, noch nicht einmal ein Foto machen. Mir liefen Tränen über die Wangen. Ich empfand so viel Respekt, so viel Liebe für diese Wesen. Nicht als ein Mensch, der vor Menschen flüchtete, um mit Tieren zu sein. Sondern als ein Lebewesen, das am Glück eines anderen teilhaben durfte.

Dieser Moment war wegweisend für mich. Ich hatte mir seit der Weihnachtsnacht noch keine weiteren Gedanken über die wirtschaftliche Seite meiner Schafhaltung gemacht. Ich studierte noch und verdiente mein Geld mit diversen Jobs an der Universität. Seit geraumer Zeit beschäftigte ich mich zunehmend mit der Lebensform der Selbstversorgung. Zugegeben, ich sah mich sehr romantisch in meinem eigenen Gemüsegarten, die Schafe nebenan weidend. Mein selbstgemachter Käse aus der Milch meiner Tiere reifte im Keller meines kleinen Hauses, das Brot buk ich selbst. John Seymours «Das große Buch vom Leben auf dem Lande» war mein meistgelesenes Buch dieser Tage. Laut auszusprechen wagte ich diese Idee nicht unbedingt. Sie war zwar ständiges Thema in meinem Studiengang, wurde aber genauso belächelt, da sie nach Aussteigertum und Gesellschaftsflucht roch und nicht praktikabel schien, da Krankenversicherung und Miete irgendwie bezahlt werden wollten.

In den Vorlesungen lernten wir Zahlen, die aussagten, wie viel Gras/Silage/Kraftfutter eine Kuh fressen musste, um in einem bestimmten Zeitraum eine bestimmte/große Menge Milch zu geben. Tat sie dies nicht, war sie nicht rentabel und ging zum Schlachter. Für mich undenkbar. Was ich mir hier aufbaute, was wir hier uns aufbauten, musste Raum lassen. Für Schafeltern, die sich um ihre Schafkinder kümmerten, für Schafe, die auch mal weniger Milch gaben, für mich, die ich draußen arbeitete, um die Sonne zu fühlen, das Heu zu riechen und meinen Körper zu spüren. Das Ziel war bereits da, nur der Weg noch nicht.

Nach dem trockenen Grundstudium stürzte ich mich mit Begeisterung in die letzten Semester. Schnell war es so weit, das Thema für meine Diplomarbeit zu bestimmen und anzumelden. Inhaltlich sollte es natürlich um Tierhaltung gehen. Eine Versuchsreihe wollte ich nicht beginnen. Diese brauchte zu viel Zeit und zu viel der Auswertung, konnte etwas beweisen oder eben auch nicht. Reine Literaturstudien waren mir zu langweilig. Da fand mich eine Nachricht, dass ein erstes Wolfsrudel nach Deutschland eingewandert wäre. Was passte besser zu Schafen als Wölfe? Das Thema war gefunden: Wie halte ich Schafe, ohne dass sie von Wölfen gefressen werden?

Natürlich wollte ich in die Lausitz, dorthin, wo die Wölfe lebten und bereits erste Erfahrungen von Biologen und Schäfern gemacht worden waren. Vier Tage waren geplant. Ich bat einen Freund, sich derweil um die Schafe zu kümmern, Wasser nachzufüllen und Batterien am Zaun auszutauschen. Das notwendige Material stellte ich bereit. Ich war unruhig, sagte mir aber auch, dass ich frühzeitig lernen müsste zu vertrauen, weil ich sonst das Haus nie wieder verlassen würde. Ich fuhr also los, 300 Kilometer gen Osten. Meine Mutter begleitete mich.

Ich hatte Termine bei der Biologin Gesa Kluth und bei einem Schäfer, der im Wolfsgebiet arbeitete und Herdenschutzhunde hielt. Und bei der Naturschutzbehörde, die ein Hilfs- und Ausgleichszahlungssystem für von Verlusten betroffene Tierhalter ausarbeitete. Das Programm war straff geplant. Es tat mir gut, die heimatlichen Gefilde einmal zu verlassen, die Landschaft der Lausitz faszinierte mich. Ich begann mich zu entspannen und die Reise zu genießen. Bis Samstagmittag mein Telefon klingelte und die Polizeistation Witzenhausen vermeldete, dass meine Schafe am Warteberg spazieren gingen. Meine Gedanken überschlugen sich. Wie und warum waren Wunibald und Co. ausgebrochen? Wo genau waren sie, der Warteberg war groß! Wo war die nächste große Straße? Und vor allen Dingen: Wie fing ich die Tiere wieder ein – vom anderen Ende Deutschlands aus? Es war Wochenende, es waren Semesterferien, Freunde und Kommilitonen bei ihren Familien oder in Praktika. Ich würde Stunden für die Heimfahrt brauchen. Den einen, der sich kümmern wollte, erreichte ich nicht. Meine Panik wuchs. Ich begann mein Nummernregister abzutelefonieren. Bei Buchstabe S endlich meldeten sich Inka und Stephan, Nachbarn und Mitstudenten, die vor Ort waren. Die beiden machten sich sofort auf den Weg. Stunden später endlich klingelte es wieder, die kleine Herde war gefunden. Mitten im Wald. Nur: Sie bewegte sich keinen Zentimeter vom Fleck, zu gut gefiel ihnen offenbar die neugewonnene Freiheit. Wunibald zudem baute sich schützend vor Frauen und Kindern auf. Ungewöhnliche Situationen erfordern ungewöhnliche Maßnahmen. Nach kurzer Beratung mit Stephan hielt der sein Telefon in Richtung der Schafe, und ich schmetterte mein «Koooomm her, Kooooomm!» in das meine. Ich kam mir ausgesprochen dämlich vor. Aber es funktionierte. In 300 Kilometer Entfernung horchte der Bock auf, und nach mehrmaligem Rufen ging es irgendwann in Richtung Heimatstall. Wir hatten verabredet, die Schafe bis zu meiner Rückkehr dort unterzubringen. Nachdem die Anspannung nachgelassen hatte, erschloss sich langsam der Witz der Situation, und ich vermeldete fast lachend der Polizei, dass wieder alles in Ordnung sei. Nicht ganz, ich war natürlich stinksauer, war doch einer in dieser Geschichte seiner Zusage nicht nachgekommen. Wie sich später herausstellte, hatte er schlicht vergessen, die Batterien für das Zaungerät auszutauschen. Bedauerlicherweise legte er mit seinem Verhalten den Grundstein für alle meine zukünftigen Wegfahrten – keine gab es mehr, während deren nicht eine Schafkatastrophe stattfand, weswegen ich meine Ausflüge bis heute auf ein Minimum reduziere.

Die meisten Milchschafböcke werden mit zunehmendem Alter aggressiv. So aggressiv, dass das Betreten der Weide nur mit Knüppel möglich ist und der Bock immer im Auge behalten werden muss. Wunibald hatte nur eine sehr kurze Knüppelphase. Ich erinnere mich an einen Sommer, als mich während der ab und an notwendigen Klauenpflege ein immenser Schlag in den Allerwertesten traf, der mich über das vor mir sitzende Schaf fallen ließ. Der Schreck war größer als der Schmerz (die Scham lag irgendwo dazwischen), und wutentbrannt drehte ich mich um. Da ging der große Bock bereits wieder rückwärts, um mit angelegten Ohren erneut loszustürmen. Mit wild fuchtelnden Armen und laut brüllend rannte ich auf ihn zu, eine Taktik, die bislang noch jedes Tier in die Flucht geschlagen hatte. In diesem Moment auch Wunibald. Ihn im Zaum zu halten, versuchte ich erst mit Eimern voller Wasser, die ich ihm über den Kopf schüttete. Schafe, insbesondere Böcke, hassen Wasser von oben. Diese Lösung funktionierte kurzfristig, da ich irgendwann keine Lust mehr hatte, das mühsam herangetragene Wasser zu verplempern, und Wunibald eine Taktik entwickelte, im letzten Moment der Dusche zu entweichen. Diverse Stöcke zerbrachen in den nächsten Wochen an seiner harten Stirnplatte. Langsam überkam mich die Angst, Wunibald schlachten zu müssen. Ich fing an, Zwiegespräche mit ihm zu führen. Er müsse sich klarmachen, dass er Pipilotta verlieren würde, wenn er sich nicht zu benehmen wüsste. Kein weiterer Sommer mit weiteren Lämmern, keine neuen Weidegründe. Er gab Ruhe. Heute weiß ich, dass er meine stillen Bitten gehört hatte. Ich war unendlich erleichtert.

Wie viel Charakter dieses Tier hatte, zeigte sich noch an ganz anderer Stelle. Irgendwann standen auf der Nachbarwiese ebenfalls Schafe, wunderschöne rotbraune Coburger Füchse. Unter ihnen ein besonders hübscher Bock. Und wie es das Schicksal so wollte, fand der ein Loch im Zaun.

Er hatte sich in Lara verliebt, die eine wahrhaft hübsche kleine Schafdame geworden war. Es kam zu einem Stelldichein zwischen Coburger Fuchs und Ostfriesischem Milchschaf. Ich bemerkte diesen Zwischenfall erst, als Lara neben den anderen beiden im Januar ein volles Euter bekam. Zuerst stand natürlich Wunibald im Verdacht, ich hatte ihm aber beizeiten eine Deckschürze umgehängt. Als Lara dann im Februar ein rotbraun gelocktes Lamm zur Welt brachte, war die Sache klar. Ich war wenig begeistert, da Lara noch sehr zierlich und eigentlich zu jung war. Ich schimpfte mit Wunibald, weil er den Konkurrenten nicht rechtzeitig davongejagt hatte. Auf der anderen Seite war der andere nicht wirklich bedrohlich gewesen, Wunibald fast zwei Köpfe größer. Was sollte sich ein gestandener Bock auf ein Gerangel mit einem Möchtegern einlassen? Ich verstand ihn. Und ein wenig frisches Blut in der Herde war sicherlich auch gut. Außerdem war Ronja so hübsch, dass ich bald gar nicht anders konnte, als mich zu freuen. Sie blieb das hübscheste Schaf in der Herde, bis zu ihrem Tod im letzten Jahr. Ihr wird ein eigenes Kapitel gewidmet.

Wunibald wurde mir über die Jahre ein guter Freund. Er war einfach immer da. Er hielt die größer werdende Herde zusammen. Und auch wenn Pipilotta unangefochten das Leitschaf war, war Wunibald derjenige, der ihr den Rücken frei hielt. Der sie beschützte und von dem sie sich beschützen ließ. Und als sie, die so lange so viel Verantwortung getragen hatte, an diesem schicksalhaften Tag im Mai ging, ließ sie Wunibald zurück. Ich selber war so gefangen in meiner Wut und in meiner Trauer, dass ich wenig um mich herum sah. Aber ich glaube, dass auch Wunibald sie schrecklich vermisste. Vielleicht wäre er auch mit ihr gegangen. Aber vielleicht hat sie ihm das Versprechen abgenommen, bei mir zu bleiben. Damit ich meinem Weg weiter folgen konnte. Und er blieb. Zehn Jahre lang.

Ich merkte nicht, wie alt er wurde. Er war immer noch groß und stattlich, nur an seiner aristokratischen Nase wuchs eine Warze, die ihn aber nicht weiter zu stören schien. Er ließ sich nichts anmerken.

Irgendwann im Sommer stand wieder ein Umtrieb an. Die Wiese, auf der die Schafe seit ein paar Tagen standen, war kurz gefressen. Ich musste nun mit der Herde einen zugewachsenen Trampelpfad entlang, auf einem Stück eines Fahrradweges weiter, den Hang hinauf und dann links um die Kurve. Die Kurve war die schwierigste Stelle, da dort auch ein Weg in ein Wohngebiet abzweigte. Es war also wichtig, dass ich immer vor der Herde blieb, um die Richtung vorzugeben und ein Ausreißen zu verhindern. Mit dem Hafereimer im Arm ging ich zügig los, mein «Kooooomm her, Koooooomm!» schmetternd. Die ersten Schafe stürmten los und legten an Geschwindigkeit zu. Den Trampelpfad schafften wir ohne weiteres, den Fahrradweg auch, nur in der Kurve den Hang hoch sah ich, dass Wunibald immer langsamer wurde und hinterhertrottete. Mit ihm ein paar von den jungen Lämmern, die nun anfingen, rechts und links den vorgegebenen Pfad zu verlassen. Ganz blöde Situation, da die jungen Tiere weder die Umtriebregeln noch die Wege kannten und sehr schlecht wieder einzufangen waren. Ich verließ also meine Anführerposition und lief an der weiterstürmenden Herde entlang zurück. Ich war wütend, brüllte und schimpfte und war schließlich hinter den Letzten angekommen. Fuchtelnd und schreiend versuchte ich dem Tross mehr Geschwindigkeit zu verleihen und klatschte irgendwann Wunibald mit voller Wucht auf den Hintern. Und Wunibald fiel einfach um. Wie ein gefällter Baum. Für ein paar Sekunden stand ich fassungslos da. Dann sank ich neben ihm auf die Knie und nahm seinen Kopf. Er lebte, aber er sah mich aus unglaublich müden Augen an. Und ich sah, wie alt er war und wie lange er durchgehalten hatte, für mich. Ich versuchte, ihm aufzuhelfen. Weiter oben hörte ich den Rest der Herde blöken und hoffte nur, dass die Älteren von ihnen den Weg zur neuen Weide mit den roten Schafnetzen von alleine gefunden hatten. Wunibald war schwer, aber irgendwann stand er, und zusammen gingen wir ganz langsam seinen letzten Weg. So müde, wie er war, so traurig war ich. Ich wusste, dass er nun bald sterben würde. Er hatte seine Aufgabe lange erfüllt, für seine Pipilotta und für mich. Wir schafften den Weg den Hang hinauf, um die Kurve und auf die Wiese, auf der die anderen schon warteten. Dort legte sich Wunibald in den Schatten eines alten Kirschbaumes. Seine Augen lagen tief in den Höhlen. Er stand nicht mehr auf.

Ich habe nie wieder einen Bock gehabt wie Wunibald. Es folgten einige, die aber nie seine Ruhe und seine Besonnenheit hatten. Ich verneige mich vor diesem Tier. Wunibald hat großartige Arbeit geleistet. Und ich bitte ihn um Verzeihung, dass ich seinem Alter nicht Rechnung trug.

Es tut mir gut, wenn du das sagst. Es war für mich sehr schlimm, dass ich meinen Job nicht mehr machen konnte, dass ich dich nicht weiter unterstützen konnte. Das tat mir unendlich leid. Aber ich war unendlich müde. Ich wäre gerne schon viel früher gegangen, aber ich fühlte mich dir so verpflichtet. Denn du hast mich zu Pipilotta gebracht. Dafür danke ich dir. Wir beide sind das Familienoberhaupt deiner Herde. Bis heute. Wir wachen über euch.

Ich habe von Wunibald gelernt, meine Herde zu beschützen und gut für sie zu sorgen. Ich wurde viel belächelt und verurteilt ob meiner Art, meine Schafe zu halten und mit ihnen umzugehen. Natürlich stand ich nicht unter dem Druck, mit ihnen Geld zu verdienen, aber ich erarbeitete das Winterfutter, die Zäune, die Tierarztkosten an anderer Stelle. Ein teures Hobby hatte ich mir zugelegt. Ich war diejenige, die lieber bei ihren Tieren war als unter Menschen. Wie oft hatte ich gehört: «Deine Schafe sind dir viel wichtiger!» Natürlich waren sie das. Sie waren auf mich angewiesen. Ich konnte nicht spontan ein Wochenende wegfahren. Oder bis mittags ausschlafen, wenn ich wusste, dass da neun, bald 25 Schafe auf neues Futter warteten. Ich fuhr spätnachts noch einmal raus, wenn ich das Bedürfnis danach hatte. Ich wollte das genau so. Ich hatte mich für dieses Leben entschieden. Ohne Wenn und Aber.

Heute ist Paul mein Deckbock. Er ist noch größer als Wunibald. Das liegt daran, dass er zur Hälfte der Rasse Lacaune angehört, einer französischen Milchschafrasse, die etwas robuster sein soll als die Ostfriesen. Paul ist ein lieber Bock. Er ist noch jung, hat aber schon schöne Lämmer gezeugt. Er ist auch ein weicher Kerl.

Ich hatte erst Bedenken, ob er sich gegen die selbstbewussten Schafdamen durchsetzen könne. Er konnte offenbar. Ich habe ihn gern und ich gebe ihm Zeit, erwachsen zu werden. Ich weiß, dass Wunibald ihn unter seine Fittiche genommen hat. Für Paul ist das bestimmt keine leichte Schule. Aber ich würde mich freuen, wenn er noch lange bliebe.

Juli: Johanna oder Mitten im Melksommer

Meine Diplomarbeit wurde ein voller Erfolg. Ich war mit Begeisterung und Leidenschaft dabei, faszinierte mich das Thema Wolf doch immer mehr, je tiefer ich in dessen Geschichte eindrang. Rotkäppchen, feudale Gesellschaft und katholische Kirche hatten ein Bild gezeichnet, dessen Absurdität in meinen Augen kaum zu überbieten war und das sich bis heute hartnäckig gehalten hat. Wo der Wolf auftauchte, brach überwiegend Wut und Panik unter Schäfern aus. Parallel zur Abwanderung eines Wolfsrüden gen Nordwesten wurden Mutterschafprämien abgeschafft und Subventionen umverteilt. Die Hasstiraden über das Wildtier, die in Fachzeitschriften abgedruckt wurden, waren angsteinflößend. Ich kannte diesen Mechanismus: Existenzangst und steigende Überarbeitung entluden sich wie schon seit Hunderten von Jahren in Form von Wut auf den Wolf. Es war faszinierend. Ich versuchte mich in die Situation der bedrohten Schäfer hineinzuversetzen. Es gelang mir nicht sonderlich gut, denn Prämien hatte ich nie beantragt, und in einem akuten Wolfsgebiet lebte ich noch nicht. Andererseits sagte ich mir, dass, sollte es so weit sein, ich eben all die Dinge anwenden würde, über die ich gerade wochenlang recherchiert und geschrieben hatte. Ein Satz des Lausitzer Schäfers kam mir wieder in den Sinn: «Wenn mir ein Tier meiner Herde

gerissen wird, dann habe ich als Schäfer etwas falsch gemacht.»
Ich schrieb einen Leserbrief an das bekannteste Schafmagazin
und stellte meine Diplomarbeit zur Verfügung. Sie wurde tatsächlich veröffentlicht. Ich hoffte sehr, dass sie dem einen oder
anderen ein wenig die Augen öffnen konnte. Eine Rückmeldung
bekam ich leider nicht. Mir war hingegen eine weitere Sache
klar. Ich wollte mich auf gar keinen Fall in die Abhängigkeit
von Subventionen begeben. Was auch immer die Schafe und ich
erarbeiten würden, es musste sich selbst tragen.

Mit Abschluss der Diplomarbeit war mein Studium beendet.
Für mich war klar, dass ich das Aufbaustudium nicht absolvie-
ren wollte. Ich hatte genug von Vorlesungen und Referaten. Ich
wollte hinaus, hinaus aus der schützenden Glasblase Universität, wie es der Dekan in seiner Abschlussrede formulierte. Aber
wohin? Immer wieder stand ich an diesem Punkt. Beamten-
laufbahn? Nein, zu viel der Vorschriften, zu viel am Schreibtisch, zu wenig draußen. Hofgemeinschaft? Nein, ich war eine
Einzelkämpferin. Das hatte ich an so manch unangenehmer
Stelle in meinem Leben zur Kenntnis genommen: in Dreier-
oder Mehrgespannen war ich nicht zu gebrauchen. Schäferin?
Jein, dazu müsste ich mich auf das Spiel der vielen Tiere (damit hatte ich in jener Weihnachtsnacht abgeschlossen) und der
wenigen Prämien (die Auswirkungen dieses Modells lagen mir
noch drohend vor Augen) einlassen. Schafe? Unbedingt!

Ich ging auf die Weide, um nachzudenken. Seymours Idee
schien mir immer verlockender. Ich würde versuchen, die meisten Dinge des täglichen Gebrauchs selber herzustellen beziehungsweise wachsen zu lassen. Minimalistisch leben. Gut, einen
Job würde ich brauchen. Ganz ohne Geld auf dem Konto funktionierte es nicht. Zum Glück beschäftigte mich das Fachgebiet, in

dem ich zuletzt tätig war, weiter. Ein bisschen Glasblase durfte sein. Jetzt brauchte ich nur noch den Platz mit einem Haus und einer Wiese, an dem ich den Rest meines Plans würde umsetzen können.

Und er kam, dieser Platz, schneller, als ich erwartet hatte. Denn er gehörte genau dem Professor, für den ich seit Monaten arbeitete. Schon oft war ich mit meinem Hund an dem kleinen grünen Holzhaus vorbeigekommen. Es lag am Warteberg (den meine Schafe schon gut kannten) direkt am Wald und umgeben von vier Hektar Wiese in Hanglage, mit eigener Quelle. Eine Ferienwohnung gab es dort noch, die zu betreuen mir als ein weiterer Job angeboten wurde. Der Blick über Witzenhausen von dort oben war überwältigend. Ich war überwältigt. Ich sagte sofort zu.

Es war, als wären meine Gedanken und Träume aus meinem Kopf in die Wirklichkeit gefallen. Das kleine Holzhaus hatte neben einer Gasheizung auch einen Holzofen. Eine kleine Einbauküche und ein Schlafboden, den mein neuer Vermieter mir einbauen ließ, machten das Ganze geradezu luxuriös. Von meinem Bett aus konnte ich in das Geäst des Waldes blicken. Den Schreibtisch stellte ich so auf, dass mir der Ort zu Füßen lag. Ich wollte mein neues Zuhause gar nicht mehr verlassen.

Am schönsten aber war es, als die Schafe eintrafen. Wir kamen wieder zu Fuß, denn meine alten Wiesen lagen nicht weit entfernt. Als wir das erste Weidetor passiert hatten und ich zur Seite trat, stürmten sie los. Schafe tarieren als Erstes die Grenzen ihres neuen Terrains aus, und als sie jetzt liefen und liefen und an keinen Zaun stießen, zeigten sie mir mit übermütigen Luftsprüngen, wie glücklich sie waren.

Es gab also viel Platz, und ich überlegte, drei bis fünf Schafe zuzukaufen. Für die große Weidefläche hatte ich zu wenige

Tiere, die das Gras annehmbar kurz halten sollten. Und ich wollte melken! Pipilotta, so gerne ich das wollte, kam zu sehr nach ihrem Vater, dem Rhönbock. Ihr Euter war zu klein. Auch die von Lara und Ronja. Zu stark waren die Einflüsse anderer Rassen. Silka hatte nach ihrer dritten Geburt eine Euterhälfte durch eine Entzündung verloren. Blieb noch ihre Tochter Marie. Eineinhalb Schafe zum Melken, das war zu wenig.

Ich fuhr zu Jutta und ihrem Josephshof an den Meißner. Ich hatte sie auf dem Wochenmarkt kennengelernt. Sie verkaufte dort ausgezeichneten Hartkäse aus Schaf- und Kuhmilch, und sie molk ihre Tiere mit der Hand, wie ich es plante. Das war wichtig für die gezüchtete Euterform, und darüber waren wir ins Gespräch gekommen. Jutta hatte schwarze Ostfriesen und ein paar von ihnen, die schon in der Milch standen, abzugeben.

Die Auswahl fiel mir nicht leicht. Etwa 30 aufgeweckte Schafe liefen vor mir auf der Weide. Wie sollte ich da die richtigen fünf für mich finden? Kopfform, Bein- und Klauenstellung, Euterform und -aufhängung – grob wusste ich ja, worauf es ankam … aber wie erkennen in dem ganzen Gewusel? Viel wichtiger schienen mir die Zutraulichkeit und Freundlichkeit. Jutta half mir, schließlich kannte sie ihre Schafe am besten. Eine halbe Stunde später hatten sie und ihr Hund die auserwählten separiert. Noch eine halbe Stunde später war das Finanzielle geklärt. Dann ging es zum Auto. Ich hatte mir für meine landwirtschaftliche Laufbahn extra einen Kastenwagen gekauft, in den jetzt alle hineinspringen sollten. Es wurde ein Hineingeschiebe und -geziehe. Und es wurde eng. Wenigstens konnten die Schafe in den Kurven nicht umfallen, aber die Scheiben beschlugen augenblicklich. Mit dem Gebläse auf höchster Stufe und im Schneckentempo rollten wir den Meißner wieder hinunter nach Witzenhausen. Zu Hause angekommen, beschloss ich aufs Ganze zu gehen und die Schafe aus dem Auto gleich zu meiner Herde zu lassen. Genug Platz zum Ausweichen gab es ja. Die fünf neuen standen stocksteif und ließen sich ausgiebig beschnuppern. Dann ging das Gebuffe los, die Rangordnung musste geklärt werden. Bevor mir angst und bange wurde, trat Wunibald auf den Plan, und es wurde ruhig. Jetzt hatte ich Zeit, mir die neuen genauer anzusehen. Mit wenig Erfolg, sie sahen für mich noch zu ähnlich aus. Nur eine kam gleich auf mich zu und stieß mit ihrer Nase in meine Hand. Lächelnd öffnete ich die Finger und ließ sie das Stück Zwieback fressen, welches ich immer dabeihatte, um schnelle Ablenkungsmanöver starten zu können. Johanna, dachte ich, hallo!

Da Juttas Schafe bereits gemolken wurden, musste es jetzt schnell gehen. Ich hatte mir einen Melkstand in einer kleinen Hütte gebaut, mit einem erhöhten Podest, auf dem die Schafe stehen sollten. Der Eingang lag neben dem Ausgang in der Rückwand. Das Ganze sah ein bisschen aus wie ein Schwarzwälder Wetterhäuschen, das bei Sonnenschein ein Dirndl und bei Regen eine Lederhose aus der Tür schickt. Die Schafe fanden das Ding blöd. Die neuen, weil es anders aussah als der Melkstand, in den sie gestern noch hineingegangen waren, die alten, weil ich auf einmal die Milch haben wollte, die bislang nur den Lämmern geschmeckt hatte. Sich dafür in einer Reihe auf einem Holztisch zu positionieren stieß konsequent auf Ablehnung.

Als Halter egal welcher Tierart muss man eine große Portion Humor haben. Das fängt bei der Maus an, die morgens von der Katze präsentabel vor das Bett gelegt wird, und hört bei Schafen auf, vor denen man auf Knien in eine Holzhütte rutscht, um ihnen zu zeigen, wo es langgeht. Mit einem Hafereimer im Arm. Johanna war die Erste, die sich erbarmte und die Holzstiege zum

Podest hochschritt. Genau genommen war sie die Verfressenste, aber das war egal und ich ihr unendlich dankbar. Die anderen kamen langsam nach. Es funktionierte! Mit leiser Stimme fing ich an zu singen, da ich noch aus meiner Lehrzeit wusste, dass Milchvieh zu Musik freudiger Milch gibt. Es beruhigte uns alle. Zu «Wenn ich ein Vöglein wär ...» füllte sich langsam der Eimer. Wie kostbar empfand ich meine erste ermolkene Milch!

Es war nicht viel, aber es reichte für den morgendlichen Kaffee und ein wenig Käse. Meinen ersten eigenen Käse. Ich lernte, dass sehr viel Molke aus einem kleine Käse abläuft und es angeraten ist, beizeiten große Gefäße anzuschaffen. Aber das kleine runde Ding, welches ich am Abend auf der Bank vor dem Haus verspeiste, war mein Stolz und meine Zukunft zugleich. Die Umsetzung meiner Träume ging erschreckend schnell.

Als Nächstes folgte der Gemüsegarten. Das Holzhaus lag zwar am Nordhang des Warteberges, die Wiesen zogen sich aber so weit den Hang hinauf, dass an einer Stelle fast ganztägig die Sonne schien. Diesen Platz wählte ich aus. Ich gewann einen Freund für die unangenehme Aufgabe, mit einer Fräse das Grünland umzubrechen. Mit riesigem Geröhre wühlte sich das Monstrum durch die Grasnarbe. Mir schauderte bei dem Gedanken, die 25 Quadratmeter mit dem Spaten umgraben zu müssen – Seymour in allen Ehren. So ging es erheblich schneller. Und den kratergleichen Furchen nach zu urteilen, ging die Arbeit erst richtig los. Harken, rechen, einebnen, noch mal rechen ... Es war der Begeisterung eines jeden Anfangs geschuldet, dass ich nicht aufgab. Endlich stand auch der Zaun, der meine Feinschmeckerschafe davon abhalten sollte, gleich die erste Ernte zu vernichten. Ich säte Möhren und Kohlrabi, Tomaten und Salat, Stangenbohnen und Buscherbsen. Ein kleines Erdbeerfeld. Die Pflanzen wuchsen prächtig. Ich lernte, dass Salat nicht auf einmal gesät wird, damit nicht irgendwann zwanzig Salatköpfe zeitgleich essfertig sind. Gleiches galt für den Kohlrabi. Von den Möhren fand ich lediglich noch einen Strunk. Meine Schafe waren offenbar nicht die einzigen Fraßfeinde. Aber Tomaten und Erdbeeren gediehen so, wie sie sollten. Irgendwann zog eine Erdkröte unter dem immer größer werdenden Salat ein. Jeden Abend sah ich nach ihr und lernte, dass Erdkröten das nicht mögen. Sie zog um. Den Salat verlor ich schlussendlich an die Schnecken.

Die Feriengäste, die ab und an die kleine Wohnung bezogen, waren hin und weg von der ländlichen Idylle. Und überglücklich, wenn ich ihnen ein paar Zucchini oder Bohnen vor die Tür legte. Meinem Käse traute ich noch nicht ganz, den aß ich vorerst doch lieber allein.

So gingen die Sommertage dahin. Vormittags arbeitete ich an der Universität, mittags fuhr ich mit meinem Fahrrad in mein kleines Bullerbü zurück. Und als ich eines späten Nachmittages im Garten nach den Tomaten sah und ich mich ein wenig zu den Erdbeeren setzte, war er auf einmal da. Dieser eine, perfekte Moment. Silka und Johanna standen dicht hinter dem Zaun. Ich konnte das Geräusch ihrer Mäuler hören, die die Grashalme zupften. Bienen summten im Borretsch. Und mich durchflutete das Glück vom Kopf bis zu den Füßen. Hier war ich und hatte mir alles erschaffen, wovon ich erst ein Jahr zuvor angefangen hatte zu träumen. Ich versuchte ihn festzuhalten, diesen Moment, aber das ließ er nicht mit sich machen. Und so stand ich nach ein paar Minuten auf und goss die Tomaten. Aber an diesen Augenblick erinnere ich mich bis heute, als wäre er gestern gewesen.

Natürlich und erwartungsgemäß war nicht alles so einfach und leicht dort oben am Berg. Die Weiden, auf denen ich die Schafe alle paar Tage umzäunte, waren mit Auto oder Schlepper kaum befahrbar. An den schwer erreichbaren Hängen gediehen die Disteln und der Sauerampfer. Ich hatte mir zum Geburtstag eine Motorsense gewünscht, dazu die passenden Ohrschützer, unter denen ich die Kopfhörer meines MP3-Players unterbringen konnte. Zu Harry Potter 1 bis 5, ungekürzt, stand ich Stunde um Stunde und vernichtete mannshohe Disteln, mähte überständiges Gras kurz und drängte Buschwerk zurück. Danach mähte ich ums Haus herum und um die Ferienwohnung, denn dort sollte es ordentlich sein. Das machte ich alle paar Tage, zumindest versuchte ich es.

Zu einem riesengroßen Problem entwickelte sich im Spätsommer die Wasserversorgung. Es war lange kein Regen gefallen, und Feriengäste, Garten, Schafe und ich legten die Quelle lahm. Mitte September kam nur noch braune Plörre aus der Leitung. Von nun an fuhr ich mit 25-Liter-Kanistern (im Auto) ein Stück den Berg hinunter, um bei meinen Vermietern das Wasser für uns alle da oben zu holen. Es dauerte ewig. Zweimal kam die Feuerwehr, um die Zisterne zu füllen – keine Dauerlösung, wie mein Vermieter klarstellte. Mir selbst machte es nichts aus, mit wenig Wasser auszukommen, ich wusch mich auch mit einer Schüssel Wasser. Aber mancher Feriengast war mit der Situation überfordert. Zudem hatte die Filteranlage, die sich unterhalb der Wohnung befand, einen unberechenbaren und durchdringenden Warnton, den nur ich außer Kraft setzen konnte. Ganz zu Recht holten aus dem Schlaf geschreckte Urlauber mich via stummen Handyalarm aus einem meiner seltenen Kinobesuche. Ich eilte im Stechschritt den Berg hinauf, von dem mir das Schrillen schon entgegenklang. Mehr als eine halbe Stunde harrten sie bereits aus, bevor ich wieder Stille einkehren lassen konnte. Hier fühlte ich mich das erste Mal als Sklave meines vermeintlich selbstbestimmten Lebens.

Im Herbst kam endlich der ersehnte Regen. Es dauerte noch ein paar Tage, bis die Pumpen wieder liefen, aber da war auch die Urlaubssaison vorbei. Ich merkte, dass minimalistische Selbstversorgung nicht vereinbar war mit «zivilisierten» Ansprüchen. Kein Regen, kein Wasser, keine Dusche. So einfach war das.

Und noch etwas merkte ich. Die viele Arbeit und der abgelegene Platz, an dem mein Leben stattfand, ließen mich zunehmend vereinsamen. Mein kleiner Bauernhof lag zwar nur wenige hundert Meter oberhalb der Stadt, aber kaum jemand setzte sich ins Auto, um einmal kurz vorbeizukommen, geschweige denn mit dem Fahrrad oder gar zu Fuß. Zur Sommerzeit, wenn ich zum Lagerfeuer einlud, kamen Freunde und Bekannte gerne. War es regnerisch oder winterlich, sah ich oft tagelang keinen Menschen. Die Konstanten in meinem Leben waren Melkzeiten und Zäunestecken. Saisonal auch die Gartenarbeiten. Meine ständigen Begleiter waren meine Hunde und meine Schafe.

Johanna war mein bestes Milchschaf geworden. Einen Liter Milch gab sie morgens und abends, so viel schaffte kein anderes Schaf. Sie hatte ein feines Wesen, zurückhaltend und freundlich. Nie sah ich sie in Rangeleien verwickelt. Sie hatte eine beruhigende Wirkung auf mich, die ich immer öfter suchte, denn meine Euphorie über die rasche Verwirklichung meiner Träume hatte Risse bekommen. Ich merkte, wie mir die Arbeit über den Kopf wuchs. Eine Hausanlage direkt am Wald frei von wuchernden Büschen, hinunterragenden Ästen und herabfallendem Laub zu halten, war eine langwierige und niemals endende Aufgabe. Dazu die Weidepflege und Instandsetzung der Festzäune. Ganz zu schweigen von meinem Haushalt. Immer öfter verfiel ich in blinden Aktionismus, weil ich nicht wusste, was ich zuerst machen sollte. Meinem Vermieter missfiel, dass seine Vorstellungen nicht mit meinen Ergebnissen übereinstimmten. Ich konnte ihn verstehen, aber ich hatte nur zwei Hände.

Ich fühlte mich isoliert. Ich sprach viel mit meinen wenigen guten Freunden über meine Stimmung, aber so richtig konnte niemand nachvollziehen, was in mir vorging. Wie auch? Das Leben, das ich führte, war ihnen fremd. Sie arbeiteten in «normalen» Berufen oder studierten noch und wussten vom autarken Leben, was Seymour und Co. in bunten Bildern in ihren Büchern verkauften. Was das aber tatsächlich hieß, merkte ja selbst ich erst im Laufe der Zeit. War Selbstversorgung und autarkes Leben für einen allein überhaupt zu schaffen? Nicht umsonst wurde diese Philosophie eher in Kommunen und Hofgemeinschaften umgesetzt, wurde viel belächelt und verschwand schnell in den Denkschubladen der zivilisierten Gesellschaft. War ich auch in einer Schublade gelandet? Ich merkte, dass ich mir Gedanken über meine Position in meinem Umfeld machte. Hielt man mich für verschroben und sonderbar? Für einen Aussteiger? Das wollte ich nicht sein. Zweifel rumorten in mir.

Als ich am nächsten Tag wieder einmal die Schafnetze steckte, hielt ich inne. Mein Blick hing an den kleinen Gruppen von Schafen, die sich über den Hang verteilten. Da standen Wunibald und Pipilotta zusammen, Henriette und Ronja, Johanna etwas abseits mit den vier anderen ihrer alten Herde. Pipilotta sah ich nie bei den neuen. Lara war zwar Pipilottas Tochter, sie zog aber mit Ronja über die Wiese. Sie alle hatten ihren Platz in der Herde, die Rangordnung war klar hergestellt.

Johanna hatte mich erblickt und kam zu mir herüber. Ich

streichelte ihre Ohren und setzte mich. Ihre Augen verfolgten aufmerksam meine Hand, die jetzt in der Hosentasche verschwand, um mit dem Zwieback wiederaufzutauchen. Bevor die anderen Schafe etwas bemerken konnten, hatte sie das Brot verschlungen. Nach einer Weile legte sie sich zu mir und fing an wiederzukäuen. Obwohl sie als Neuling noch ganz unten in der Herdenordnung stand, schien sie glücklich und zufrieden. Vor allen Dingen zufrieden. Sie wollte nirgendwoanders hin.

Überlege dir, wo der Punkt ist, auf dem du stehst. Das ist dein Platz in der Herde. Da stellst du dich selber hin. Es liegt an dir, ob du diesen Platz einnehmen oder ihn verändern willst, wenn er dir nicht gefällt. Das hat nichts mit den anderen zu tun. Nur mit dir. Aber egal, wo du stehst, du bist immer ein Mitglied der Herde. Es ist nur wichtig, sich dort wohl zu fühlen. Wenn du dich wohl fühlst, ist es der richtige Platz.

Und ich verstand. Ich hatte mich mit meiner Art zu leben aus der Gesellschaft hinauskomplimentiert. Das glaubte ich zumindest. Aber sogar mit meiner Selbstversorgung, die mich autark machen sollte, war ich ein Teil der Gesellschaft, wenn ich auch am Rand stand. Hier war mein Platz, auf den ich mich selbst gestellt hatte. Wenn er mir nicht gefiel, musste ich ihn ändern. War es der richtige Platz, würde ich auch zufrieden sein. Ich lächelte Johanna an. Danke, dachte ich.

Ich machte also weiter. Nachdem ich Brot und Käse mittlerweile sehr erfolgreich herstellen konnte, richtete sich meine Interesse auf etwas anderes: die Herstellung von Creme und Seife. Seit Jahren schon kaufte ich nur Kosmetik, die nicht an Tieren getestet wurde. Das war mir sehr wichtig. Leider bedeutete das nicht unbedingt, dass die Inhaltsstoffe dessen, womit ich mich pflegte, gut für mich waren. Erdölbasierte Rohstoffe, Konservierungsstoffe, Schaumverstärker. Meine Recherchen im Internet waren erschreckend. Gleichzeitig stieß ich auf zahlreiche Seiten, die ausführlich beschrieben, wie Naturseife hergestellt wird. Dazu Rezepte über Rezepte für Cremes, Lotions, Fluids. Ich hatte ein neues Hobby.

Ich erinnere mich noch gut an die erste Seife, die ich siedete. Ich war sehr aufgeregt, denn überaus eindrücklich wurde immer wieder darauf hingewiesen, dass mit ätzender Natronlauge gearbeitet werden musste. Bewaffnet mit meiner Motorsensenschutzbrille und dicken Gummihandschuhen wagte ich es. Da Weihnachten vor der Tür stand, entschied ich mich für das Rezept einer Lebkuchenseife. Mit der Milch meiner Schafe. Streng nach Anleitung schmolz und rührte ich, rührte weiter und wartete auf das, was als Verseifungsprozess bezeichnete wurde. Mir fehlten sämtliche Erfahrungswerte. Ich schob viel zu früh die braune Masse in meinem Topf in den Backofen, um zu garantieren, dass wenigstens Seife daraus wurde. Es wurde. Braun, nicht sehr schön, aber benutzbar und noch leicht nach Gewürzen duftend. Ich war sehr stolz. Und als Geschenk kamen die in Form geschnittenen Stückchen sehr gut an. Selbstgemachte Seife war damals noch ungewöhnlich. Ich übte weiter. Bald türmten sich grobe Seifenstücke der verschiedensten Duftrichtungen auf der Holztreppe zu meinem Schlafboden. Rose, Lavendel, Kokosnuss, Pachouli. Ich konnte mich gar nicht so viel waschen, wie der Seifenberg wuchs. Also verschenkte ich großzügig. Und wer die Seife einmal benutzt hatte, verlangte schnell nach mehr. Ich begann mich zu fragen, ob es das war, worauf ich so lange gewartet hatte. Auf die Idee, die mich und meine Schafe ernähren würde.

Im Grunde genommen überlegte ich nicht lange. Ich merkte, dass die Herstellung der Seife viele Facetten in mir ansprach. Meine Kreativität. Meine Freude daran, etwas mit meinen Händen herzustellen. Mein Bedürfnis, ein Produkt zu entwerfen, welches meinen ökologischen und nachhaltigen Ansprüchen gerecht wurde. Meinen Wunsch, mit etwas, das ich auf die Welt gebracht hatte, andere Menschen zu begeistern. Und natürlich die Voraussetzung, meine Schafe zu integrieren. All das war gegeben. Und da ich ein Mensch war und bin, der meist aus dem Bauch heraus handelt, fing ich sofort an. Die Gesetzeslage war schnell in Erfahrung gebracht. Als meine erste Werkstatt konnte ich Räumlichkeiten unter der Ferienwohnung mieten, die vom zuständigen Kreisveterinäramt abgenommen wurden. Meine Mutter unterstützte mich mit Startkapital. Wochen nach meiner ersten Lebkuchenseife waren die well land Naturseifen geboren.

Auf die Erstellung eines Businessplans verzichtete ich. Die Seifensiederei war lange kein Lehrberuf mehr, es gab also keinerlei Betriebsdaten, keinerlei Anhaltspunkte, die ich hätte nutzen können. Ich war froh darum. Was, wenn meine Berechnungen ergeben hätten, dass ich besser die Finger davon ließe? Ich hatte meinen Weg gefunden, und ich würde ihn gehen.

Jeden Abend, wenn Schafe, Haus und Garten versorgt waren, ging ich in die Werkstatt und machte Seife. Ich folgte dem Prinzip von Versuch und Irrtum, denn damals gab es noch keine Tutorien bei Videoportalen, die anschaulich erklärten, was zu tun war. Ich lernte aus Büchern und folgte meinem Gespür. Die Verluste hielten sich in Grenzen. Bald entwickelte ich meine eigenen Rezepte, experimentierte mit den Schafmilchmengen und fand mich in meinem Element. Es sprach sich herum, was ich machte. Ein kleiner Bioladen war der erste, der die Seife als regionales Produkt in sein Sortiment aufnahm, bald folgten weitere Geschäfte. Ich bewarb mich erfolgreich auf einigen Weihnachtsmärkten und fühlte, dass ich auf dem richtigen Weg war. Ich war glücklich, ich war zufrieden.

Aber es gehört wohl zum Paradies, dass die Schlange bereits in ihm wohnt. Nacheinander geschahen zwei Dinge, die mein gerade in Fluss gekommenes Leben auf den Kopf stellten. Das erste war eigentlich etwas Wunderschönes: Ich wurde schwanger. Ungeplant und unvorbereitet. Aber dann unbedingt gewollt. Nicht gewollt war die Umstellung meines Körpers, der mit anhaltender Übelkeit reagierte. Von einem Tag auf den anderen wurde es mir unmöglich, mich mit anderen Gerüchen als denen der frischen Luft zu umgeben. Ich wartete auf duftstabile Phasen, in denen ich schnell ein, zwei Chargen Seife herstellen konnte, bevor ich fluchtartig die Werkstatt verlassen musste. Essen war ein weiteres Problem. Erschienen mir an einem Tag Bananen als erträgliche Nahrung, musste ich am nächsten einen weiten Bogen um die Früchte machen und zu Tomaten greifen. Oft stand ich hilflos im Laden, weil ich nicht wusste, was ich abends essen konnte. Dementsprechend schwanden meine Arbeitskräfte, und ich verbrachte zunehmend Zeit vor dem Kamin, um in Decken gehüllt abzuwarten, bis ich die Schafe füttern konnte. Litten Schafe unter Übelkeit, wenn sie tragend waren?, fragte ich mich. Aufgefallen war mir das nie. Schafe waren Fluchttiere. Sie mussten so lange wie möglich verbergen, dass es ihnen schlechtging, um Fressfeinden keine leichte Beute zu werden. Ich konnte mich nicht verstecken. Ich war hier alleine, würde es vorerst bleiben und somit auch alleine zurechtkommen müssen. Wie mit einem Baby Schafe, Seife, Garten, Ferienwohnung, Haushalt erledigen? Ich musste mir eingestehen, dass ich das Leben hier oben, wie ich es mir eingerichtet hatte, so nicht würde weiterführen können. Langsam ließ ich den Gedanken zu, vom Berg wieder runter in die Stadt zu ziehen. Es fiel mir leichter als erwartet, freute ich mich doch unbändig auf das Kind. Für alles andere würde ich eine Lösung finden, wie ich es in meinem Leben immer getan hatte.

In der Annahme, eine lange Zeit in dem Holzhaus zu verbringen, hatte ich mit meinem Vermieter einen Vierjahresvertrag abgeschlossen, von dem noch über zwei in der Zukunft lagen. Ich rechnete zwar damit, dass unter den gegebenen Umständen eine Auflösung des Vertrages kein Problem sein würde, hörte mich aber trotzdem nach eventuellen Nachmietern um. Schnell hatte ich ein junges Paar gefunden, das mit Freude meine kleine Landwirtschaft (ohne Schafe) übernehmen wollte, ebenso die Betreuung der Ferienwohnung. All dies teilte ich meinem Vermieter mit. Und dann brach ein Krieg aus.

Ich habe nie genau verstanden, worum es in den folgenden Wochen und Monaten wirklich ging. De facto bestand die Gegenseite auf Erfüllung des Vertrages oder, bei vorzeitiger Beendigung desselben, auf die volle Zahlung der noch ausstehenden Miete und Pacht – für mich unmöglich zu erfüllen, weder das eine noch das andere.

Ich konnte zunehmend meine Arbeit nicht mehr erledigen, Gartenpflege, Ferienwohnung, selbst mein eigenes Haus wurden mir zur Last; etwas, was zusätzlich negativ auffiel. Der Arzt schließlich verbot mir das Arbeiten gänzlich. Sowohl in physischer als auch in psychischer Hinsicht, denn die Auseinandersetzungen wurden immer schärfer. Längst kommunizierten wir über Anwälte. Ich wollte nur noch weg. Aber wohin? So schnell fand ich keine Wohnung und schon gar keinen Stall.

Meine Freunde nahmen mich auf. Meine Schafe blieben

am Berg. Es war wohl eine der schlimmsten Zeiten in meinem Leben. Mitten im Winter musste ich zweimal am Tag den Weg hinauf, um die Tiere wenigstens zu füttern. Oft halfen mir Freunde und Bekannte, aber sie alle hatten ihre Arbeit und Aufgaben. Es grenzte für mich an Seelenterror, mich den Weg hinaufstehlen zu müssen, mich so beeilen zu müssen, obwohl ich so gern mehr Zeit bei den Schafen verbracht hätte. Denn mein Vermieter und Arbeitgeber fand, dass, wenn ich meine Schafe fütterte, ich auch die von ihm geforderten Arbeiten erledigen könnte. Auf jede Stunde, die ich bei meinen Tieren verbrachte und bei der er mich beobachtete, folgte ein Brief von seinem Anwalt. Ich war verzweifelt.

Johanna verlor im Februar im tiefsten Schnee eines ihrer Lämmer an die Kälte. Sie fand keinen Platz im Stall, um zu lammen. Ich war nicht da, um ihr den Platz zu geben. Zwei Tage später stieß ich endlich auf eine kleine Hütte, in die ich die Tiere bringen konnte. Es ging zurück zu den Anfängen. Die Wiese, auf der ich einst Pipilotta traf, war nicht weit. Ich deutete dies als gutes Omen, und meine Erleichterung war unendlich groß, als das letzte Schaf endlich den Berg verlassen hatte.

Noch oft schaute ich dort hinauf, wo ich so glücklich gewesen war, wo sich die Weichen für mein weiteres Leben gestellt hatten und es so ein bitteres Ende genommen hatte. Denn bitter wurde es noch, aber mit Unterstützung meiner Mutter und des Vaters meines Kindes war auch diese Zeit irgendwann abgeschlossen. Ich bin mir nicht sicher, wofür dieses Ende notwendig war. Heute hätte ich mir wohl ein Herz gefasst und ein klärendes Gespräch erzwungen, bevor sich die Fronten so verhärten konnten. Damals hatte ich zu viel Angst.

Johanna ist immer noch bei mir. Sie ist immer noch mein bestes Milchschaf, auch wenn sie langsam eine betagte Dame wird. Sie ist in der Herdenordnung weit nach oben gestiegen und die beste Freundin von Wanda, dem Leitschaf. Den Zwieback aber muss sie mit den anderen teilen. So ist das, wenn man nicht mehr am Rande steht.

Nachtrag: In Deutschland leben mittlerweile mehr als zweihundert Wölfe. Ihr Lebensraum ist eng. Zu viele Straßen, zu viele Städte nehmen den Platz ein, die die Rudel zum Leben brauchen. Die neuen Wölfe sind zutraulich. Sie haben keine Angst mehr vor dem Menschen, denn viele von ihnen sind unter Menschen geboren und dann in die Wildnis entlassen worden. Das macht die Lebenssituation von Mensch und Wolf zu einem Problem. Eine Lösung gibt es noch nicht. Aber ich bin nach wie vor der Meinung, dass Hass und blinde Wut sie nicht bringen wird. Auch in meiner Gegend sind Tiere gesichtet worden. Ich werde abwarten müssen, was passiert, und mich dann mit den Geschehnissen auseinandersetzen.

AUGUST: FLECK ODER DAS GESCHENK EINES LEBENS

Lillis Vater und ich lernten uns während des Studiums kennen. Ich gerade erst angekommen, er schon ein paar Jahre dabei. Wir fanden uns attraktiv und anziehend, und uns verband die Leidenschaft für kleine Wiederkäuer. Wir hatten eine schöne Zeit. Aber wir waren beide auf der Suche nach uns selbst, nach einer Zukunft, von der wir schnell merkten, dass es keine gemeinsame sein würde. Ihn verschlug es nach Beendigung des Studiums nach Hamburg, ich wandte mich meinen Vorlesungen zu. Ein-, zweimal im Jahr stand er plötzlich vor der Tür, wenn er heim in die Rhön fuhr. So kreuzten sich unsere Wege immer wieder, bis sie sich schließlich untrennbar miteinander verbanden. Uns war beiden klar, dass eine Wiederauffrischung unserer Beziehung nur Zeit und Nerven kosten würde. Ich hatte kein Problem damit, alleinerziehend zu sein. Er stand zu dem Kind und sicherte seine Unterstützung zu. Dann überließ es jeder dem anderen, sich an die Situation zu gewöhnen. Für mich war das Wichtigste zu der Zeit, eine neue Bleibe, einen neuen Lebensmittelpunkt zu finden, nachdem ich den Berg verlassen hatte. Denn nicht nur eine Werkstatt musste dazugehören, auch ein Zimmer mehr und letztendlich ein Platz für die Schafe. Als Krebsgeborene war mir mein Zuhause immer das Wichtigste, von hier aus führte ich mein Leben, hierhin zog ich mich zurück. Daher war ich zwar sehr dankbar, dass ich bei meinen Freunden Unterschlupf fand, aber die Situation kostete mich viel Kraft. Ich war es nicht gewohnt, mit jemandem zusammenzuwohnen, schon gar nicht nach der Einöde am Berg. Meine Bücher, Kleidungsstücke, Möbel standen unerreichbar in einer Garage. Und ich übergab mich in fremde Toiletten.

Aber kaum aushaltbare Situationen spornten mich schon immer zu Höchstleistungen an, und sehr schnell war eine neue Wohnung gefunden. Ich begann mich zu entspannen, mich schwanger zu fühlen und wieder mehr Zeit mit den Schafen zu verbringen. Hier musste ich es entschieden langsamer angehen lassen. Zwar lag der neue Stall, mehr eine kleine Hütte, in der ebenen Aue, aber der Zugang war umso verwachsener. Ich kaufte mir eine Schubkarre, um Heu und Wasserkanister nicht tragen zu müssen, und fuhr vier- statt zweimal zum Stall. Aber ich genoss es. Immer wieder wurde mir Hilfe angeboten, aber um nichts in der Welt wollte ich diese Arbeit aufgeben. Ich kam gut zurecht.

Die noch am Berg geborenen Lämmer wuchsen prächtig. Ich sah die Lammzeit auf einmal mit ganz anderen Augen. Fühlte mich auch ein wenig beschämt zwischen all den erfahrenen Müttern. Vor allen Dingen, als ich mich zu einem Geburtsvorbereitungskurs anmeldete. Anthroposophische Schwangerschaftsratgeber, Pampers vs. Stoffwindeln, ich fühlte mich wie auf einem anderen Stern und musste an Pipilotta denken, die allein gewesen war bei ihrer ersten Geburt. Ich lernte atmen und hecheln und Geburtsbadewannen kennen. Ich fing an, Zwiesprache zu halten mit dem Kind in meinem Bauch. Erzählte ihm von den Schafen und von der Seife, von dem Gemüsegarten, den wir irgendwann wieder haben würden. Und ich erinnerte mich an die Wimpern, die, wenn sie einem ausfielen und weggepustet wurden, einen Wunsch erfüllten. Ich wünschte mir Gesundheit für mein Kind und eine erträgliche Geburt für mich. So gingen die Wochen dahin, und der immer runder werdende Bauch brachte zwar einiges an Gewicht mit sich, behinderte mich aber nicht weiter.

Am Pfingstsamstag 2006 brachen morgens die Schafe aus. Ich kam gerade rechtzeitig, um sie hüpfend und rennend auf dem Acker verschwinden zu sehen. Schnell füllte ich mir einen Eimer mit Hafer und eilte hinterher. Rennen konnte ich nicht mehr. Der Trick mit dem Eimer funktionierte immer, und so kamen sie sofort wieder zurück. Nur merkte ich, dass sich in meinem Bauch etwas verändert hatte. Ein Druck war entstanden und ein leichtes Ziehen zu spüren. Ich wusste sofort, dass etwas nicht stimmte, zwang mich aber, nicht in Panik auszubrechen. Der Geburtstermin war erst im August, noch eine lange Zeit bis dahin. Was sollte jetzt schiefgehen?

Am Abend war der Druck noch stärker geworden, und ich rief meine Hebamme an. Eine kurze Untersuchung ergab: sofort ins Krankenhaus. Noch immer glaubte ich an eine kurzfristige Misslage. Eine Freundin fuhr mich nach Göttingen. Dort angekommen, ging alles sehr schnell. So schnell, dass ich überhaupt nichts begriff. Wehenaktivitäten wurden gemessen. Ich kam in ein Bett in eine Kammer ohne Fenster, die Station war überbelegt. Es war mitten in den Generalstreikwochen, in denen Krankenhauspersonal mehr Gehalt forderte. Nadeln stachen in meinen Arm, Flüssigkeiten liefen durch Plastikschläuche, Kortison, ein Antibiotikum und Wehenhemmer. Ich dachte: Jetzt lebst du seit Jahren ein naturbewusstes Leben, nimmst nur Globuli und Kräutertees, und nun ist alles in fünf Minuten dahin. Mein Herz raste, man erklärte mir, das wäre der Wehenhemmer. Ich lag im Bett wie nach fünf Kannen Kaffee und sollte schlafen. Ich konnte nicht einmal den Himmel sehen. Morgen fährst du wieder nach Hause, dachte ich.

Ich fuhr nicht. Die Ärztedelegation, die sich am nächsten Tag um mein Bett versammelte, erklärte mir, dass ich bis zu der Geburt des Kindes hierbliebe, im Bett und am Tropf. Man würde verschiedene Untersuchungen machen, um herauszufinden, was passiert sei. Ich war sprachlos. Wochenlang im Bett bleiben. Nicht nach Hause. Schafe. Hunde. Seife. Es dauerte eine Weile, bis die Information meinen Verstand erreichte. Mein akzeptierendes Herz noch nicht. Das erste Mal in meinem Leben war ich aller Selbstbestimmtheit beraubt, zu absoluter Untätigkeit verdammt. Von hundert auf null. Um der Hysterie entgegenzuwirken, die mir die Kehle hochstieg, fing ich an zu telefonieren. Um die Versorgung der Tiere zu organisieren. Es halfen alle. Es kam Hilfe aus Hamburg, von meiner Mutter und etlichen Freunden. Und ich wusste, dass ich mir keine Sorgen mehr machen musste, nicht um meine Tiere. Die Seife, die würde warten müssen. So wie ich.

Es war die Zeit der Fußball-WM in Deutschland. Der Sommer war sonnig und heiß, und ich lag in einem grau gestrichenen Krankenhauszimmer zusammen mit schwangeren Frauen und deren Großfamilien. Ich aß pappiges Brot und klebrigen Käse und zerkochtes Gemüse. Ich lag immer noch an diesem Wehenhemmer-Tropf, aber mein Herz hatte sich an den raschen Schlag gewöhnt. Im Fernseher, der über unseren Köpfen hing, liefen Fußballspiele oder Daily Soaps. Unwirklich. Das war es, wie es sich anfühlte. Wo waren meine Schafe? In manchen Momenten konnte ich mich kaum erinnern. Dann wurde ich auf die Privatstation verlegt. Mein Vater hatte vor Jahren für sich und uns eine Zusatzversicherung abgeschlossen. Einzelzimmer, Chefarztbehandlung. Meine Mutter hatte einer Furie gleich meine sofortige Verlegung durchgesetzt. Jetzt gab es hellgelbe Wände, gedämpftes Licht und einen Fensterplatz. Ich blickte auf bewaldete Hügel. Nur das Essen blieb gleich schlecht. Zweiklassengesellschaft. Es war mir egal. Ich dachte das erste Mal, dass ich es schaffen würde, hier noch ein paar Wochen zu bleiben. Von draußen schallte das Gejohle und Gejubel von den WM-Spielen herein. Es fühlte sich an wie Urlaub. Wann war ich das letzte Mal im Urlaub gewesen? Vor fast 20 Jahren. Ich hatte es nie vermisst, ich fuhr ja nicht gerne weg, aber ich genoss es langsam, mich um nichts kümmern zu müssen. Ich las Bücher, schaute auf den Wald und hielt meinen Bauch. Die Untersuchungen hatten ergeben, dass mit mir alles stimmte. Ich hatte mich nicht übernommen, ich hatte nur viel Fruchtwasser. Und das, ließ der besorgte Chefarzt verlauten, liege am Kind. Ich verstand nicht, was das mit meinem Kind zu tun haben sollte. Ein Mädchen. Das war alles, was zählte. Ich war überglücklich.

Bis die Ärzte mir an einem Tag im Juni mitteilten, dass am Sechzehnten des Monats die gesamte Belegschaft da sei und an diesem Tag die Kaiserschnitte gemacht werden würden. Auch bei mir. Meine erste Reaktion war heftige Ablehnung. Ungerührt erklärte man mir, dass ich, sollte später etwas passieren und kein Arzt da sein, die volle Verantwortung übernehmen müsste. Ich stimmte zu. Am 16. Juni um 13 Uhr wurde Lilli also auf die Welt geholt. Sieben Wochen zu früh. Aber sie wollte auf die Welt, schrie ihren ersten Atemzug. In ein grünes Tuch gewickelt hielt man mir sie kurz vor mein Gesicht. Ich sah schwarze Haare und zusammengekniffene Augen. Dann war sie weg. Ich lag wenig später wieder in einem kleinen Raum, mit flachem Bauch, der sich unter der PDA anfühlte wie zäher Brotteig. Der Chefarzt stürmte herein. Mein Kind hätte doppelte Daumen und doppelte große Zehen. Er wünsche mir alles Gute. Dann stürmte er wieder hinaus. Ich hielt das für einen wirklich schlechten Chirurgenwitz. Lillis Vater kam, und zusammen fuhren wir auf die Frühchenstation. Der Kinderarzt trat auf uns zu und sprach von auffälligen Merkmalen. Er wisse noch nicht genau, da gebe es ein Syndrom, das Kind sei wahrscheinlich behindert. Ich dachte: Wimpernwünsche funktionieren nicht.

Und da war sie endlich, so klein, wie ein Küken, das aus dem Nest gefallen war. Wir durften nur durch ein Loch im Inkubator ihre kleinen Hände mit den großen Daumen streicheln. Eine Stunde saßen wir da, dann mussten wir gehen. Er fuhr zu meinen Schafen. Ich lag in meinem Bett, und das erste Mal in meinem Leben überrollte mich Panik. Meine Gedanken sprangen hin und her, der Schmerz des Schnittes in meinem Bauch traf mich wie ein Schlag. Ein behindertes Kind. Wie. Sollte. Ich. Das. Schaffen. Draußen tobte das WM-Leben.

Ich automatisierte die nächsten Tage. Es gab Frühstück, dann stand ich auf. Ging zuerst ein paar Schritte, später das Treppenhaus rauf und runter. Dann zu Lilli. Mittagessen. Wieder das Treppenhaus. Lilli. Abendessen. Treppenhaus. Fußball. Schlafen.

Viele Stunden saß ich bei meinem Kind, streichelte ihre Finger durch die Öffnung des Brutkastens. Später legte ich Lilli auf meine Brust. Kangarooing war der Fachbegriff dafür. Durch die Ausschüttung des Hormons Oxytocin sollte die Verbindung zwischen Mutter und Kind gestärkt werden. In meiner Lehrzeit hatten wir Kühe, die nicht gut Milch gaben, mit diesem Hormon behandelt. Verkehrte Welt.

Ich versuchte, die vielen Ärzte und Studenten zu ignorieren, die mein Kind so interessant fanden. Grüppchenweise standen sie um ihr Bett, wenn ich morgens dort eintraf. Zirkusattrak-

tion. Ich musste es dulden, wir waren in einer Universitäts-
klinik. Aber es fiel mir schwer. Ich versuchte, die vielen piep-
senden Geräte, die grellen Lichter, die Beatmungsmaschinen zu
ignorieren. Das war fast unmöglich. Ich versuchte, meine Gedanken zu ignorieren. Das ging gar nicht. Ohne dies alles hier
würden Lilli und ich nicht mehr leben. Das dachte ich.

Dann erinnerte ich mich an Kerlchen. Kerlchen war vor einigen Jahren von Henriette geboren worden, meinem einzigen
Rhönschaf. Henriette war in diesem Jahr die Erste gewesen, die
lammte. In dem großen Viehanhänger, den ich als Winterstall
nutzte, hatte ich die hintere Hälfte für die werdenden Mütter
abgetrennt. Henriette hatte das ganze Abteil für sich allein. Die
Geburt verlief problemlos, ein Mutter- und ein Bocklamm waren es. Das Mädchen gescheckt wie eine bunte Kuh, der Bock
mit schwarzem Kopf und weißem Körper, wie seine Mutter. Die
Erstversorgung war geschehen, beide hatten getrunken, und
ich verließ die junge Familie am frühen Abend. Es war sehr kalt
und sehr windig. In dieser Nacht rollte Kerlchen aus dem warmen Nest seiner Mutter aus dem Abteil in die Kälte. Ich fand
ihn am nächsten Morgen halbtot. Ich ließ ihn sofort in meine
Jacke und die Mulde des Pullovers gleiten, während ich Heu und
Wasser fütterte. Ich wollte ihn mit nach Hause nehmen, er war
zu schwach, um noch an das Euter seiner Mutter zu gelangen.
Sorgenlämmer nehme ich meist mit nach Hause. Obwohl das
heißt, dass ich sie mit der Flasche großziehen muss. Eine Trennung von Mutter und Lamm so kurz nach der Geburt übersteht
die noch frische Bindung nicht. Kerlchen kam in eine Kiste mit
Stroh vor die Heizung in meinem Büro. Jede Stunde flößte ich
ihm warme Milch ein. Meine Hoffnung auf Besserung war sehr
gering. Aber Kerlchen hatte Lebenswillen. Schon am nächsten
Tag brachte ich ihn zurück zu Mutter und Schwester. Henriette

nahm ihn nicht mehr an. Meine strengen Versuche, Kerlchen an ihr Euter zu halten, endeten in wilden Sprüngen und gequältem Geblöke. Ich ließ davon ab und fuhr stattdessen viermal am Tag mit warmer Milch auf die Wiese. Kerlchen machte sich gut, aber die eiskalte Nacht hatte ihre Spuren hinterlassen. Er hielt den Kopf schief und den Hals gestreckt, die Beine hob er beim Gehen wie ein Storch. Und er war ... langsam. Er verstand Dinge viel später als andere Schafe. Beim Umtrieb war er stets der Letzte. Beim Haferfressen auch. Er lief mir hinterher wie ein Hund und trat mir ständig in die Hacken, weil er nicht nach unten sah. Er war anders. Aber er war ein Mitglied der Herde und hatte seinen Platz in ihr.

Seine Schwester nannte ich Fleck. Sie wurde sehr schnell ein großes Lamm, da sie Henriettes Milch für sich alleine hatte, und von Anfang an war ihr Bedürfnis nach Freiheit groß. Grasten die anderen Schafe friedlich vor sich hin, stand Fleck am Zaun und starrte auf die noch grüneren Wiesen dahinter. Sie tat mir immer ein wenig leid, schien sie doch nach Höherem zu streben. Bis ich sie dabei erwischte, wie sie aus dem Stand über das Schafnetz sprang. Etwas, was kein Schäfer in seiner Herde duldet, dulden kann, weil dem einem Schaf in Kürze bald alle anderen folgen und dann 25 Schafe einen Spaziergang durch Nachbars Kirschplantage machen. Ich hätte sie schlachten müssen. Ich tat es nicht. Ich mochte sie, obwohl sie immer unnahbar war, immer mit einer Klaue auf der Flucht.

Im Herbst wurde sie tragend. Der Winter, der folgte, war lang und kalt und voller Schnee. An den großen Viehanhänger hatte ich eine Art überdachte Terrasse angebaut, auf der sich in einen halben Meter Stroh die werdenden Mütter eingruben. Wie alle anderen wurde Fleck auch immer runder. Aber sie entzog sich konsequent meiner täglichen Untersuchung, mit der ich feststellen wollte, wann ein Schaf in ein Ablammabteil in den Wagen umziehen musste. Als dann an einem besonders kalten Freitag acht Schafe kurz hintereinander ihre Lämmer bekamen, war ich vollends damit beschäftigt, deren Versorgung zu organisieren. Der Wagen war voll, die größte Box noch einmal unterteilt. Alle Ritzen hatte ich mit Stroh ausgestopft, der Wind beschloss gerade, ein Sturm zu werden. Fleck verlor ich aus den Augen. Spät am Abend ging ich endlich nach Hause, alle waren satt, alles war ruhig. Am nächsten Morgen lief ich noch im Dunkeln los, die Stirnlampe unter der Mütze. Ich stand schon einige Zeit im Anhänger, kontrollierte die Lämmer, gab den Müttern frisches Wasser und ein wenig Hafer, bevor ich unter der Überdachung nach den anderen sah. Fleck lag tief im Stroh, den Kopf unter den Wagen gestreckt. Ich kroch zu ihr und sah sofort das Lämmchen. In der Annahme, sie hätte sich bei der Geburt unter dem Anhänger verkeilt, zog ich an ihren Beinen, sie aber kroch noch weiter unter das Holz. Ich schimpfte, legte mich neben sie, um nachzusehen, ob sie festhing. Tat sie nicht. Sie versuchte nur, das andere Lamm zu erreichen, das wenige Zentimeter von ihr entfernt lag. Ich zog es sofort zu mir, aber es war zu spät. Das Mädchen war bereits erfroren. Ach, Fleck, dachte ich, hättest du nur meine Hilfe angenommen. Du bist ein stolzes kleines Schaf, aber du bist so unerfahren. Ich hätte dich noch untergebracht im Wagen. Es tut mir leid.

Ein paarmal versuchte sie noch, das Lämmchen aufzuwecken. Ich sah schon nach dem anderen, einem weißen Bock. Er war kalt, aber er lebte. Kurz überlegte ich, eine Wärmflasche zu holen. Zeitverschwendung, heißes Wasser in einem Gummischlauch würden den beiden nicht helfen. Ich rannte nach Hause und holte mein Auto. Ich zerrte und schob Fleck durch den Schnee und hob sie auf die Ladefläche. Ihren Sohn wickelte ich in ein Handtuch und legte ihn auf den Beifahrersitz. Dazu schnell noch ein paar Heu- und Strohballen. Zu Hause angekommen, ließ ich die beiden im Auto und stürmte ins Haus. Wohin? Ich hatte noch keinen Stall im Garten, die Garage war voll, der Keller auch … die gefliese Toilette unten im Haus! Den Boden legte ich mit Pappe aus, darüber das Stroh. Die Heizung ließ ich aus, der Temperaturunterschied zum Wintersturm war groß genug. Aber die Ferkellampe, die ich einmal in einem stillgelegten Stall gefunden hatte, hängte ich über die Tür. Fertig. Fleck folgte mir widerstandslos in das Haus. Sie wirkte schlapp, war erschöpft und niedergeschlagen. Ich fragte mich, wie lange sie in dem kleinen Raum aushalten würde. Sie, die so auf ihre Freiheit drang. Zehn Tage wurden es, in denen der kleine Bock unter der Lampe lag und warme Milch trank. Wir schafften es sogar, dass er das Euter seiner Mutter erreichte, und Fleck hielt so lange still, bis die Flasche ihre Notwendigkeit verlor. Ich brachte die beiden wieder zurück. Kaum waren sie auf der Weide am Stall, wurde Fleck wieder die Alte. Sie hielt sich am Rand, die Augen auf die Weite gerichtet, ihren Sohn dicht bei sich. Ich glaube, dass die Nacht ihrer ersten Geburt sie tief erschüttert hat. Wie hilflos fühlt sich ein Schaf unter Schafen? Hätte sie Hilfe angenommen? Nein. Die Zeit in der Krankenstation aber, wie ich den Raum später nannte, hatte sie gebraucht. Dort kam sie wieder zu sich. Ein Lamm hat sie nie wieder verloren.

In mir regte sich der leise Verdacht, dass das Drama der Geburt von Henriette vererbt würde. Von Antonia, Flecks jüngerer Halbschwester, dachte ich erst, sie hätte gar nicht aufgenommen. Es war schon April, und die Schafe standen an einem wild bebuschten Hang mit sehr steilen Ecken. Ich hasste diesen Hang, da das Stecken der Zäune mir ein wahres Martyrium war und ich tagelang fluchend und schwitzend über die Grasnarbe schlitterte. Da stieß ich eines Morgens auf einen kleinen Vorsprung, nicht größer als ein Handtuch. Dort lag Antonia, neben ihr ein kleines schwarz-weißes Lamm. An der Nachgeburt konnte ich erkennen, dass sie ihre Tochter auf diesem winzigen Stück Erde zur Welt gebracht hatte. Ich musste lachen und weinen zugleich und ließ die beiden noch ein wenig allein, bevor es am Abend endlich auf eine ebene Wiese weiterging. Kein Familienfluch im Henriette-Clan.

Wie viele Lämmer hatte ich im Laufe der Zeit schon gerettet? Lämmer, deren Mütter nicht genug Milch hatten. Die Drillinge und somit einen Strich zu wenig hatten. Die ihre Lämmer verstießen. Die zu schwach waren, um überhaupt aufzustehen. Ich weiß es nicht. Viele waren es, und sie wären alle ohne mich gestorben. Ich würde nie auf den Gedanken kommen, sie sterben zu lassen. Ihre Mütter ja. Weil sie gar keine Möglichkeit hatten, ein solches Lamm am Leben zu erhalten. Es war nicht in ihrem Lebensentwurf vorgesehen. Waren Henriette und Fleck froh gewesen, dass Kerlchen überlebt hatte? So, wie er war?

Hör auf, deine Welt auf unsere zu projizieren, das funktioniert nicht. Wir trauern um jedes Kind, jedes Lamm, das wir verlieren. Die Tragweite unserer Fehler ist uns sehr wohl bewusst. Aber wir machen weiter. Der Mensch bleibt in seiner Trauerschleife hängen, wir gehen weiter. Hätte, müsste, sollte, das kennen wir nicht. Geh weiter!

Und jetzt saß ich hier, in einem Liegestuhl auf der Frühchenstation, und hielt mein winziges Kind in den Armen. Ich war dankbar, so dankbar, dass es jemanden gab, der dieses Kind hatte retten können. Ich war in diesem Moment wie Fleck, die Wilde und Freiheitsliebende, die ohne Umschweife ihre Unabhängigkeit geopfert hatte, um ihren Sohn zu retten. Und ich fasste neuen Mut, denn auch diese Zeit im Krankenhaus würde vorübergehen. Lilli und ich würden nach Hause gehen.

Nach einer Woche ging zuerst ich nach Hause. Die Narbe auf meinem Bauch war gut verheilt. Ich wurde entlassen. Lilli blieb. Es war ein fürchterlicher Moment, als ich mich von ihr verabschiedete. Es war nur für wenige Stunden, ich würde am nächsten Morgen wiederkommen, aber sie zurücklassen zu müssen, hielt ich kaum aus. Meine Mutter holte mich ab und brachte meine Hunde mit. Die beiden straften mich mit Missachtung. Vier Wochen hin und her gereicht, da schmollt selbst ein Hundeherz. Meine Wohnung empfing mich, als hätte ich sie gerade erst verlassen. Ich musste raus. Zu den Schafen. Fahrrad fahren durfte ich noch nicht, also ging ich zu Fuß. Ich hatte Zeit. Und da standen sie. Grasten vor sich hin, hoben erst ihre Köpfe, als ich schon am Zaun stand. Das freudige Wiedersehen war wohl dem trockenen Brot zuzuschreiben, das ich aus der Tasche zog, aber ich genoss das Gewusele um mich herum aus ganzem Herzen. Ich blieb nicht lange, ging weiter, um die Wiesen zu inspizieren. Wo würde ich als Nächstes zäunen, wie viele Tage könnten die Tiere auf welcher Fläche bleiben? Die Arbeit half mir anzukommen.

Abends saß ich in der leeren Wohnung. Jetzt holte mich die Tragik der letzten Wochen ein. Ich blickte auf meinen flachen Bauch und auf das leere Kinderbettchen. Auf die fast leeren Seifenregale. Wie sollte es jetzt weitergehen? Im Krankenhaus hatte der Kinderarzt mit uns nur kurz über das Syndrom gesprochen, mit dem Lilli geboren worden war. Rubinstein-Taybi. Entwicklungsverzögerung. Häufiges Erbrechen. Einige physische Merkmale. Zu selten war es, als dass verlässliche Erfahrungswerte uns hätten helfen können, in die Zukunft zu sehen. Es konnte alles und nichts passieren. Ich traute mich nicht zu weinen, denn in 30 Kilometer Entfernung lag ein winziges Baby in einem Brutkasten und vertraute darauf, dass ich es lieben und beschützen würde. Irgendwann weinte ich doch.

Der Rhythmus der nächsten Wochen pendelte sich schnell ein. Ich stand auf, versorgte Hunde und Schafe, dann fuhr ich ins Krankenhaus. Dort saßen Lilli und ich dann stundenlang im Sessel. Ich erzählte oder sang leise vor mich hin. Oder wir beide schliefen. Lillis Vater kam, sooft er konnte. Nachmittags fuhr ich nach Hause, fuhr mit dem Fahrrad und den Hunden wieder zu den Schafen. Abends stand ich in der Werkstatt und machte Seife. Die Tage gingen dahin, und bald kam Lilli auf die Kinderstation. Es ging vorwärts. Jetzt las ich Astrid-Lindgren-Märchen und übte Weihnachtslieder. Deutschland schied im Achtelfinale aus. Und dann, nach sieben Wochen, fast zum errechneten Geburtstermin, konnte ich Lilli abholen. Sie war noch so klein, dass sie in der Babyschale verschwand. Aber sie freute sich. Es war, als würde sie sagen: Endlich geht es heim! Ihre Nasensonde mussten wir mitnehmen, Lilli erbrach viel. Die Sonde stellte sicher, dass sie genügend Milch bekam. Milch, die ich jeden Tag abpumpen musste. Ich hasste es. Das Benutzen der elektrischen Pumpe fesselte mich ans Haus und bescherte mir nicht das selige Gefühl, eine stillende Mutter zu sein. Kurz hatte ich darüber nachgedacht, das Stillen mit Lilli zu üben. Aber das Trinken aus der Flasche fiel ihr sehr viel leichter, da die Milch nicht erst angesogen werden musste. Warum sollte sie den schwereren Weg wählen? Ich verwarf den Gedanken und fügte mich den Umständen. Nicht verwerfen konnte ich die Gedanken an das Milchvieh, das sich tagtäglich dieser Tortur stellen musste. Gut, dass ich meine Schafe wenigstens mit der Hand molk und das auch weiterhin tun würde.

Wenige Tage später riss sich Lilli die Sonde aus der Nase. Ich beließ es dabei. Wir waren zu Hause, wir würden es schaffen, dass sie genug Milch bekam. Sie trank begierig. Aber was im einen Moment in dem kleinen Mund verschwand, kam im nächsten schwallartig wieder heraus. Fünf-, acht-, zwölfmal am Tag. Ich kam nicht hinterher, Flaschen zu reinigen, Bettzeug zu reinigen, Kind zu reinigen und neue Milch warm zu machen. Meine Nerven lagen blank. Dazu die Sorge, Lilli würde verhungern. Ich kannte das von Lämmern, die nicht richtig tranken. Manche waren von der Geburt zu erschöpft oder hatten einen viel stärkeren Zwilling. Sie erreichten das Euter nicht. Ihre Mütter stießen sie weg, weil sie nicht die Geduld hatten zu warten. Diese Lämmer bauten innerhalb von Stunden bedenklich ab. Waren sie erst einmal zu schwach, fehlte ihnen irgendwann der Saugreflex. Dann wurde es kritisch. Es gab zwar einen langen Gummischlauch, einen sogenannten Lammretter, der in die Speiseröhre zu schieben war und über den Milch direkt in den Labmagen gefüllt werden konnte. Aber mir war die Gefahr zu groß, die Luftröhre zu treffen. Also versuchte ich, die Lage rechtzeitig zu erkennen und die Lämmer mit der Flasche zu versorgen.

Aber Lämmer erbrachen sich nicht, Lilli ja. Keiner wusste Rat. Der Kinderarzt nicht, die Hebamme nicht, das Internet nicht. Es war, wie der Arzt in der Klinik gesagt hatte, ein Symptom der Behinderung. Also machte ich weiter Milch warm und begann so früh wie möglich mit der Zufütterung. Denn auch die Lämmer fingen bereits wenige Tage nach ihrer Geburt an zu fressen. So nahm Lilli wenigstens nicht ab. Was ich damals noch nicht ahnte: Erst im Alter von fünf Jahren regulierte sich das Erbrechen von selbst. Wie gut, dass ich es nicht wusste.

Trotz alledem genossen wir die ersten Wochen und Monate zu Hause, die uns noch umgaben wie eine schützende Hülle. Ich war eine geschäftliche Verbindung mit einem guten Freund eingegangen, der die Vermarktung der Seife übernahm. Ich blieb bei Lilli und fertigte die Seife, wenn sie schlief. War sie wach, gingen wir zusammen zu den Schafen. Mir war es wichtig, dass sie von Anfang an mit zu den Tieren kam. Sie sollte sehen, dass die Landwirtschaft Teil unseres Lebens war. Und ich wollte sie nach einem Lebensstart im Brutkasten und Krankenhaus an Natur und Tiere gewöhnen. Von väterlicher Seite war sie mit einer Tierhaarallergie vorbelastet, etwas, was so gar nicht in mein Leben passte. «Wenn du eine Allergie bekommst, haben wir ein Problem. Untersteh dich!», hatte ich ihr gesagt. Ich musste lachen. Lilli lachte auch.

Wir saßen auf der Wiese zwischen den Schafen, Lilli im Tragetuch vor meinem Bauch. Es war Zeit, dass sie die Herde kennenlernte.

«Schau», sagte ich, «da steht Johanna. Die bekommt immer Drillinge. Und das da ist Ronja. Die finden alle am schönsten. Und da drüben am Zaun, Lilli, das ist Fleck. Die hat dich schon im Krankenhaus besucht.» Dankbar dachte ich an die Zeit in jenem Stuhl auf der Frühchenstation zurück, in der sich Fleck so vehement mit ihrer Geschichte in meine Gedanken gedrängt hatte. Mit ihr hatte ich diese Zeit überstanden.

SEPTEMBER: RONJA ODER EIN ZUHAUSE FÜR TIER UND MENSCH

Die Wohnung, in die ich nach meinem Abschied vom Berg zog, befand sich in einer ehemaligen Möbelfabrik. Das Gebäude wurde gerade neu erschlossen und mit schneller Ständerbauweise innenausgestattet. Ich hatte mir auf einem Grundriss eine Ecke des Hauses ausgesucht und wartete nun auf die Fertigstellung eines 100 Quadratmeter großen Lofts. Ich freute mich auf den hellen, weiten Raum, auf fließendes Wasser und die Nähe zum kleinstädtischen Leben. Aber die Baumaßnahmen fanden kein Ende. Ich zog von einer Freundin zur nächsten und wartete. Ich bestach die Bauarbeiter mit Mettbrötchen und wartete. Ich bot an, die bereits fertiggestellten Wände selbst zu streichen, und konnte wenigstens schon etwas tun. Denn der Nestbautrieb drängte auf Verwirklichung.

Das Schöne an dem Raum war, dass er einen abgeteilten Wintergarten hatte, in dem ich meine Werkstatt einrichten konnte. Er war klein, aber er entsprach meinen damaligen Vorstellungen meiner zukünftigen Seifenproduktion. Mein guter Freund und Geschäftspartner bezog das Loft neben dem meinen.

Endlich kam das Okay für den Einzug, auch wenn noch nicht alles fertiggestellt war. Im Badezimmer stand ein zu kleiner

Heizkörper, und in der Rückwand war noch eine Bautür, aber ich hatte wieder mein eigenes Reich. Meine Anspannung ließ nach, das merkten selbst Hunde und Schafe. Ich liebte es, meine Regale wieder mit Büchern zu füllen, das Kinderbett und die Wickelkommode aufzubauen, an meinem eigenen Tisch zu sitzen. Die Hunde bekamen ihre Schlafplätze, die zwei Katzen Hausarrest, bis sie sich an die neue Umgebung gewöhnt hatten. Für sie war der Wegzug vom Berg wohl am schlimmsten, der nahe Wald war ein Katzenparadies gewesen. So gewöhnten wir uns alle ein, bis ich an jenem Pfingstsamstag mein neues Zuhause für das Krankenhaus wieder verlassen musste.

Zehn Wochen später, als ich Lilli aus der Klinik holte, war es endlich so, wie es sein sollte. Die ganze Familie komplett. Die integrierte Werkstatt machte es mir einfach, Kind und Arbeit unter einen Hut zu bringen. Das Kinderbett hatte ich mit Rollen versehen und schob es dicht an die Werkstattfenster, um Lilli immer im Blick zu haben. Es ging langsam auf Weihnachten zu, und es waren diverse Märkte gebucht, für die ich die Seife herstellen musste. Alles fühlte sich rund an.

Dann kam der Herbst, und mit ihm begann die Heizperiode. Ich zog gerne einen Pullover mehr an, bevor ich den Thermostat bewegte, und Lilli lag warm zwischen Lammfell und Wolldecke. Aber die Wohnung war kalt. Vor allen Dingen das Badezimmer, der Raum, bei dem ich es am meisten genoss, dass er einen Heizkörper besaß. Ich heizte und heizte und verschaffte mir irgendwann Zugang zur Rückseite der Wohnung. Sie war über die ganze Breite nicht gedämmt. Zwischen einem Baby in der Wanne und einer sehr großen, zugigen Halle lagen zwei Zentimeter Rigips. Ich wurde sehr böse und die Isolierung der Wand umgehend in die Wege geleitet. Einen Tag später war sie fertig.

Dafür begann die Ausbesserung des Daches über der Wohnung kurz vor einem Wochenende, für welches eine anhaltende Regenfront vorausgesagt worden war. Meine diesbezüglichen Bemerkungen wurden freundlich lächelnd zur Kenntnis genommen und das Dach nicht abgedeckt. Mein Haushaltsvorrat an Schüsseln und Eimern reichte gerade aus, um die durch die Rigipsdecke tropfenden Wassermassen aufzufangen.

Als es dann wirklich kalt wurde, brauchte ich einige Zeit, um festzustellen, dass die Heizung am Freitagnachmittag abgestellt wurde. Bei der Programmierung der Anlage waren die Büroräume berücksichtigt worden, nicht aber wir Dauermieter. Es dauerte Wochen, bis der Fehler behoben wurde. Als ich Weihnachten und Silvester frierend mit Lilli im Bett lag, war mir klar, dass ich eine neue Wohnung brauchte.

Meine Schafe standen noch in dem Behelfsstall, in den ich sie vom Berg aus gebracht hatte. Ich mochte die kleine Hütte, die aber zu klein für meine Herde war. Und zu flach für mich. Mir war es nur möglich, entweder auf den Knien oder tief gebückt durch das Stroh zu kriechen. Den Kopf stieß ich mir trotzdem regelmäßig. Das Heu ließ sich sehr praktisch von außen in eine lange Raufe gabeln, musste aber zuvor einen steilen kleinen Hang nach oben getragen werden. Ebenso die schweren Wasserkanister. Und hatten Pipilotta und ihre Freundinnen mal einen schlechten Tag, mussten rangniedere Tiere im Freien schlafen. Sie bekamen keinen Platz unter Dach.

So lange ich Schafe habe, präferiere ich die Offenstallhaltung. Schafe brauchen frische Luft. Bei dem Gedanken, meine Herde über Wochen und Monate in einem Raum einzusperren, wird es mir selber eng im Hals. Wichtig ist mir ein trockener Platz, denn Schafe mögen keinen Regen. Dafür reicht uns ein Dach auf vier

Pfosten mit zwei geschlossenen Wänden gegen den Wind. Kälte richtet gegen Schafe nichts aus. Sie haben ihre dicke Wolle, die ihnen über das Jahr wächst. Wie oft habe ich beim morgendlichen Füttern die ovalen Flecken im Gras gesehen, die freigeschmolzenen Liegeflächen der Schafe im Schnee, selbst bei minus 16 Grad. Schlimm wird es nur bei anhaltendem und kaltem Regen. Alles, was nicht unter Pfosten und Dach liegt, wird nass. Heu, Hafer und Schafe, die keinen Platz bekommen. Und lammende Tiere, die sich zur Geburt von der Herde absondern.

In der kleinen Hütte konnte ich durch geschicktes Belegen zweier angebauter Pferche verhindern, dass Lämmer im Freien kamen, aber auch nur weil die Geburten zeitlich weit genug auseinanderlagen. Zufall. Das Risiko war mir zu groß. Also musste auch hier eine neue Bleibe her.

Mittlerweile hatte ich Routine in der Wohnungs- und Stallsuche. Ich wusste, wen ich fragen konnte und wie ich schnell eine Antwort bekam. Und es kamen Leute auf mich zu, die eine Wiese zum Beweiden oder leerstehende Wohnräume hatten.

Meine nächste Wohnung wurde sehr viel kleiner, dunkler und unrenovierter als das Loft. Sie hatte einen großen Kaminofen als Heizung und einen – sehr niedrigen – Keller für die Lagerung des Holzes. Aber sie war günstig und irgendwie gemütlich. Nachteil: Die Seifenwerkstatt würde außerhalb, sogar im Nachbardorf, liegen. Doch sie war wenigstens groß und hell und hatte genug Platz, um auch noch Kind, Hunde und meinen Geschäftspartner unterzubringen. Auf dem Weg dorthin fuhr ich mit dem Fahrrad und Kinderanhänger an meinen Weiden vorbei.

Zu dieser Zeit wurden erstmals Reporter auf mich, auf die erste Seifensiederei im Kreis, aufmerksam. Für Radio und regionale Fernsehberichte kamen sie, um Seife, Schafe und mich einem breiteren Publikum vorzustellen. Die Schafe waren besonders telegen, und es war Ronja, die am liebsten ins Bild gerückt wurde. Ronja, Enkelin von Pipilotta und Tochter eines braunbewollten Schwerenöters. Optisch absolut kein Milchschaf. Ich haderte mit mir, ob ich darauf bestehen sollte, ein anderes, reinrassiges Schaf abzubilden, ließ aber davon ab. Ronja war ausgesprochen hübsch und strahlte eine zurückhaltende Wildheit aus, die offenbar gut zum Porträt meiner Firma passte. Ich nannte sie insgeheim die Wildschöne, da sie sich meinen Streicheleinheiten regelmäßig entzog. Sie bestand auf ihrer Autonomie, sowohl mir gegenüber als auch in der Herde. Paradoxerweise wurde also dieses Schaf das Aushängeschild der well land Schafe.

Die Herde zog um in einen Bauwagen. Dieser stand zwei Wiesen weiter versteckt zwischen hohen Bäumen, und ich konnte ihn sogar käuflich erwerben. Er hatte zwei Räume, eine kleine Veranda und theoretisch elektrisches Licht. Und er appellierte an mein Selbstversorgerherz, das irgendwann in einem solchen Wagen wohnen wollte.

Ich überdachte die Veranda und einige Büsche, so dass sich eine recht große Liegefläche ergab, die ich mit Stroh dick polsterte. Die Wiese war eben und mit dem Auto befahrbar, welch ein Segen. Ich sah dem Winter und der Lammzeit entspannt entgegen. Es wurde wieder sehr kalt, bis minus 20 Grad, und die Schafe fraßen mir die Haare vom Kopf. Die Geburten verliefen weitestgehend problemlos, zwei Flaschenlämmer nur, bis eines Tages Ronja hohes Fieber bekam. Sie fraß nicht mehr, eine Katastrophe, da sofort die Milchleistung sank und nicht mehr für die Lämmer reichte. Der Tierarzt kam und behandelte, konnte aber die Ursache der Erkrankung nicht feststellen. Es folgten weitere Tiere, und ich begann, die Lämmer zuzutränken. Ich war rat- und hilflos, konnte den Auslöser der scheinbaren Infektion nicht ausmachen. Die Hilflosigkeit wurde zur Angst. Bis der Tierarzt nach einigen Tagen versonnen auf die Büsche und Bäume schaute, die ich als Schutz gegen Schnee und Kälte mit eingezäunt hatte, und sagte: «Das ist Thuja.» Mir fiel es wie Schuppen von den Augen. In meiner Begeisterung für die neue Behausung hatte ich das überhaupt nicht gesehen. Die ätherischen Öle der Thuja waren für Wiederkäuer bei Fraß absolut giftig, wenn nicht sogar tödlich. Und meine Schafe hatten bis auf Hüfthöhe alle Äste der Buschbäume entlaubt.

Mein grobes Versagen an vorderster Schäferfront verlangte sein Opfer. Es war nicht Ronja. Sie erholte sich zusehends, konnte bald ihre Lämmer wieder alleine versorgen. Es war Amelie, mein Seelenschaf. Das Schaf des nächsten Kapitels.

Ich zog sofort die Konsequenz und zog mit der Herde, Müttern und Lämmern, in Erwartung des baldigen Frühlingsanfangs schon auf eine Sommerweide. Ich würde zwar noch Heu füttern müssen, aber die Tiere waren aus der Gefahrenzone. Den Gedanken, zum nächsten Winter wieder einen neuen Stall suchen zu müssen, schob ich weit von mir.

Auch in einem anderen Teil meines Lebens hatten sich unangenehme Veränderungen ergeben. Es stellte sich heraus, dass die Seifensiederei nur eineinhalb Menschen ernähren konnte, nämlich Lilli und mich, nicht aber noch einen Geschäftspartner. Zu dieser endgültigen Einsicht gesellten sich private Ungereimtheiten, die zu einem unschönen Ende einer Freundschaft und einem noch unschöneren Ende einer Geschäftsbeziehung führten. Vier Jahre nach Gründung meiner Firma fing ich quasi noch einmal bei null an.

Die Räumlichkeiten der Seifensiederei konnte ich alleine nicht mehr halten, da kam es im Grunde genommen gerade recht, dass in der dunklen Wohnung, in der ich lebte, der Schimmel ausbrach. Wieder suchen, wieder umziehen. Es war zum Heulen.

Dieses Mal sollte, musste es etwas «Richtiges» sein. Etwas für länger, denn mein Hausstand inklusive Werkstattinterieur wurde immer größer. Meine Lust, jedes Jahr alles ein- und wieder auszupacken, dementsprechend kleiner. Da war der Umzug der Schafe schon leichter. Aber auch hier sollte, musste es einfacher werden. Ich wollte nichts mehr einen Hang hinaufschleppen, und die Vegetation durfte die Gesundheit der Tiere nicht beeinträchtigen.

Ich machte mir selbst großen Druck, Geduld war und ist nicht meine Stärke. Ich sah mir nur eine einzige Wohnung an. Sie lag zentral und dennoch im Grünen und versprach genügend Platz für Seife, Haustier und Mensch. Dass sie sich wie das Loft noch im Rohrenovierungszustand befand, akzeptierte ich mittlerweile als mein Schicksal. Dummerweise nur sagte mein Bauchgefühl etwas ganz anderes, nämlich dass ich mir lieber Zeit lassen und weitersuchen sollte. Ich ignorierte es. Ich wollte diese Wohnung.

Nach einigen Wochen zwischen Farbeimern, Kabeln und Laminatpaketen, es war inzwischen später Sommer, wurde es endlich schön. Die Werkstatt lag in den vorderen zwei Räumen, hinten hatten Lilli und ich unser Reich. Ich konnte wieder abends arbeiten. In dieser Zeit nur hatte ich genügend Muße und Ruhe. Kind und Tiere schliefen, das Telefon stand still.

Der Erfolg, den ich mit den Seifen hatte, wurde größer. Es kamen der erste Onlineshop, der erste Steuerberater und die erste zusätzliche Arbeitskraft. Eine alte und gute Freundin aus Studientagen, die ich nach Jahren wiederfand. Mit den Vermietern, die ebenfalls hier wohnten und arbeiteten, hatte sich ein angenehmes Miteinander und ein erfolgreiches Geschäftsverhältnis ergeben. Wieder war alles rund.

Mit den Schafen zog ich lediglich ein paar hundert Meter weiter. Langsam hatte ich mich in dieser Ecke Witzenhausens als Schäferin etabliert und bekam immer neue Wiesen, meist alte Kirschplantagen, zur Beweidung angeboten. Ich war sehr glücklich darüber. Für einen Neuling wie mich war es nirgendwo leicht, gut zu bewirtschaftendes Land zu bekommen. Nur den Bauwagen konnte ich nicht mitnehmen. Er stand zu lange schon mit platten Reifen an seinem Platz, und ich hatte nicht die maschinellen Möglichkeiten, ihn von dannen zu zerren. Und auch keine Lust.

Ein halbes Jahr später konnte ich ihn an jemanden, der diese Lust hatte, verkaufen. Es wohnen heute Hühner darin.

Als weiteres Zeichen, auf dem richtigen Weg zu sein, wertete ich, dass ich umgehend einen neuen Wagen erwerben konnte, den ich bis heute als Stall nutze. Er war größer und bot die Möglichkeit, an den Seiten weitere Liegeflächen zu schaffen.

Ich stellte ihn in den Windschatten eines großen Schwarzdorngehölzes, das die Schafe aufgrund der spitzen Dornen völlig ignorierten. Nur ich verhakte mich regelmäßig mit Pullover und Haut und Haaren, so dass diese Pflanze schnell zu der von mir meistgehassten avancierte.

Etwa zehn Meter vor dem Wagen, am Rand der Wiese, führte und führt ein äußerst beliebter Spazierweg entlang. Wie groß seine Beliebtheit war, konnte ich in dem verregneten Herbst noch nicht erkennen. Ich war nur froh, mit dem Auto bis auf wenige Meter an den Anhänger fahren zu können. Die Wintersaison begann, und ich zäunte die Schafe eng an den Stall. Endlich war für alle genügend überdachte Liegefläche vorhanden, wer wollte, schlief im Schnee auf der Wiese.

Es wurde kalt. Und das Wasser im Tränkebehälter gefror. Ein Problem, das jeden Nutztierhalter bei Minusgraden ereilt. Ich löste es, indem ich morgens, mittags, abends mit lauwarmen Kanistern im Fahrradanhänger auf die Weide fuhr, das Eis aus dem Eimer schlug und die dampfende Flüssigkeit wieder einfüllte. Und gerade bevor das Wasser wieder gefror, rollte ich mit Nachschub an. Als ich irgendwann mittags die zweite Runde machte, sah ich schon von weitem zwei Menschen an meinem Weidezaun stehen. Sehr nah. So nah, dass der Bock, Othello war sein Name, bereits mit angelegten Ohren hinter dem Zaun vor und zurück lief. Ein sicheres Zeichen, dass er gleich durch das Netz auf die Spaziergänger stürzen würde, um seine Herde vor der Bedrohung zu schützen.

Etwas panisch trat ich in die Pedale und rief schon von weitem, ob ich weiterhelfen könne. Meine Standardformulierung, um Spaziergänger darauf hinzuweisen, dass sie die Sicherheitszone betreten haben. Die der Schafe und meine. Auf zwei Meter herangerollt, bot sich mir erst die ganze Szenerie dar. Eine Frau stand mit meiner Heugabel über den Zaun gebeugt und versuchte energisch, das Eis im Zuber zu durchbrechen. Ihr Mann, einen Meter hinter ihr, bemühte sich, sie weiterzuziehen. Die Hackbewegungen und das Geräusch des splitternden Eises brachten Othello vollends in Rage. Verständlicherweise. Nur sah die Frau das nicht.

Bei mir kam unterdes eines zum anderen. Ich fühlte mich in meiner Verantwortung als Tierhalter empfindlich gekränkt, da man mir offenbar unterstellte, ich würde meine Schafe verdursten lassen. Dazu kam die Sorge um einen Versicherungsschaden, wenn der Bock erst einmal die Ahnungslose niedergestreckt hätte. Und letztendlich war ich erstaunt über so viel Ignoranz, das wütende Tier nicht zu erkennen. Ich kämpfte meinen aufsteigenden Zorn nieder und bat die Dame sehr höflich, langsam zurückzutreten und mir die Forke zu übergeben. Etwas erstaunt kam sie meiner Aufforderung nach. Ich erklärte, dass ich dreimal am Tag mit neuem und warmen Wasser hierhinkäme und die Schafe nicht in Not wären. Sie sagte: «Ich schaue lieber dreimal hin, bevor es Tieren schlechtgeht.» Diesen Satz habe ich bis heute nicht vergessen. Und ich kann nicht sagen, ob ich danach immer noch höflich war, auf jeden Fall wurde es ihrem Mann so unangenehm, dass er seine Frau weiterzog. Othello und ich mussten uns gleichermaßen beruhigen.

Im Januar fand ich einen Zettel am Weidezaungerät haften. «Das braune Schaf lag auf der Wiese und atmete ganz heftig. Es kam wohl nicht mehr hoch. Ich habe ihm geholfen. Gruß, W.»
Es gab zwei Möglichkeiten. Entweder Ronja hatte sich wirklich festgelegt. Das konnte passieren, wenn Schafe sich in Erdkuhlen niederließen oder in solche hineinrutschten und infolgedessen zum Aufstehen nicht den notwendigen Schwung holen konnten. Sie gruben sich durch die Schaukelbewegungen immer tiefer und bekamen immer schlechter Luft, weil der Pansen auf die Lunge drückte. In diesem Falle wäre Ronja geholfen worden.
Oder, was ich in Anbetracht des Zeitpunkts für wahrscheinlicher hielt, sie hatte Wehen bekommen und sich zur Geburt auf der Wiese niedergelassen. In diesem Falle würde eine unfachmännische Unterbrechung im schlimmsten Fall den Verlust der Lämmer bedeuten. Ich tobte. Drei- bis viermal am Tag, bis in die Nacht hinein, ging ich zum Stall, um nach dem Rechten zu sehen. Zeit meines Lebens hatte ich mich über die Maßen um meine Tiere gekümmert. Um die eigenen, aber auch die mir anvertrauten. Und jetzt kamen regelmäßig Spaziergänger hier

vorbei, die meinten, sie müssten meine Schafe vor dem sicheren Tod bewahren. Meistens gerade dann, wenn ich nicht da war.

Ich zog einen Zaun direkt am Wegesrand entlang und stellte Schilder mit der Bitte um Rücksicht und Abstand auf. Ob und wer sich daran hielt oder auch nicht, konnte ich nicht feststellen. Ich merkte, wie sich mein Fluchtverhalten regte. Für diese Lammsaison war es zu spät, aber die nächste würde ich mit Sicherheit nicht hier verbringen.

Ronja lammte einen Monat später und brachte ein gesundes Mädchen zu Welt.

Zu Hause hatten wir gerade die Weihnachtssaison hinter uns gebracht. Die beiden Werksträume hatten sich ab Ende November, wenn es nur noch um Nachliefern und Päckchenpacken ging, als viel zu klein erwiesen. Ich musste gefüllte Seifenformen übereinanderstapeln, um Platz für neue zu bekommen. Formen und Töpfe hängte ich zum Trocknen an immer neue Haken, und die Kartons mit den nachbestellten Rohstoffen ließ ich gleich im Flur stehen.

Meine Freundin, die für Packen und Versand zuständig war, ging zwischen Pappsteigen, in denen die Seifen trockneten, und Verpackungsmaterial unter. Die Wohnung versank im Durcheinander. Wer auch immer uns jetzt besuchte, dem bot sich ein Bild des Chaos. Auf der einen Seite sprach die viele Arbeit für den Erfolg der Firma, aber uns jetzt noch zurechtzufinden, kostete viel Zeit und Nerven. Der Zustand war unhaltbar. Wir brauchten mehr Raum.

Ich trat an meine Vermieter heran und bat um weitere Zimmer in dem großen Gebäudekomplex. Ich hatte hier und da schon Ecken zur Verfügung gestellt bekommen und dankend angenommen. Aber jetzt ging es um die Verlegung der Werkstatt, da war ich an gesetzliche Vorgaben gebunden, die unbedingt einzuhalten waren. Die Verhandlungen gestalteten sich zäh. Letztendlich verliefen sie im Sande. Ich wurde unruhig. Schon lange dachte ich über ein Eigenheim im Eigentum nach. Zu gewagt schien mir der Schritt bislang, zu endgültig. Aber worauf wollte ich warten? Ich brauchte zunehmend Platz, für die Firma und für die Landwirtschaft. Mich immer weiter um den mir per Mietvertrag zustehenden Raum herum auszudehnen war für alle Beteiligten unzumutbar. Und ich wollte endlich ankommen, endlich nicht mehr umziehen müssen.

Suchen schadet ja nicht, dachte ich mir und begann, Immobilienanzeigen zu studieren. Meine Vorstellungen waren sehr klar: ein romantischer Fachwerkresthof, idyllisch gelegen auf dem Lande, aber gut erreichbar, gerne mit drei Hektar Wiese und Bachlauf. Bullerbü in Nordhessen. Drei Objekte stachen mir ins Auge, die ich an einem Wochenende abfuhr. Nummer 1 hatte einen schönen Garten, der mit einem Gefälle von bis zu 19 Prozent in die Tiefe führte, und ein riesiges Loch in der Decke der Eingangshalle vom Wasserrohrbruch im letzten Winter. Nummer 2 war überaus romantisch, stand unter Denkmalschutz und lag an dem Ort, an dem sich Fuchs und Hase gute Nacht sagen. Nummer 3 war riesig und teils denkmalgeschützt, und der Besitzer hatte horrende Preisvorstellungen. Um nicht gleich aufzugeben, fuhr ich an den folgenden drei Wochenenden erneut alles ab, aber die Einwände überwogen nachhaltig die Aufwände.

Ich zwang mich, ruhig zu bleiben und nicht – wie sonst – in blinden Aktionismus zu verfallen. Und wartete. Bis eines Tages im späten Frühjahr im Fenster eines Hauses, an dem ich jeden Tag auf dem Weg zu meinen Schafen vorbeikam, ein «Zu verkaufen»-Schild hing. Als ehemaliges Amtsgebäude hatte es keinerlei Bullerbü-Charme, aber einen großen, ebenen Garten und ein gutgedecktes Dach. Es machte einen soliden und würdevollen Eindruck. Und es lag in unmittelbarer Nähe zu meinen Weiden. Ich notierte die Telefonnummer und verabredete einen Besichtigungstermin.

Als ich dann das erste Mal durch die gläserne Eingangstür in den Amtsflur trat, wusste ich: Das ist es. Die Raumaufteilung war wie für mich gemacht, unten die Werkstatt und oben die Wohnung für Lilli und mich. Ein Dachboden mit Ausbaupotenzial, ein Keller mit stählernem Tresor und eine Doppelgarage für die Weihnachtsmarkthütten. Im Garten eine Tanne, ein Ahorn, eine Robinie und jede Menge Platz für Gemüse, Obst und meine zukünftige Hühnerherde. Der Bullerbü-Charme würde über die Jahre kommen, da war ich mir sicher. Ich war beseelt. Und geriet enorm unter Druck, als ich erfuhr, dass der Kauf nur über eine anonyme Briefversteigerung abgewickelt wurde. Ich steigerte noch nicht einmal über Onlineplattformen, da der Nervenkitzel zu groß für mich war. Und jetzt ein ganzes Haus? Es half nichts. Ich setzte die Maschinerie von Bank, Steuerberater und Familienangehörigen in Gang, um meine Möglichkeiten zu eruieren. Die waren wider Erwarten ziemlich gut, und ich stieg ein. Es war grauenhaft. Nach jedem abgegebenen Gebot bekam ich schriftlich Antwort, ich könne meine Absichten noch einmal überdenken. Ich wusste nicht, wie viele Mitbieter es gab, und schon gar nicht, wo die Gebote überhaupt hingehen sollten. Woche um Woche zog dahin, meine Nerven waren zum Zerreißen gespannt. Ich wollte das Ganze zu einem Ende bringen. Ich ließ den Wert des Hauses grob schätzen, führte ein letztes Gespräch mit meiner Bank und rief den Verkäufer an. Mit bebender Stimme tat ich kund, welche Summe ich aufbringen könne und keinen Cent mehr. Und man möge mir jetzt bitte sagen, ob ich eine Chance hätte, sonst würde ich mich umorientieren. Ich bekam den Zuschlag. Ich hatte das meiste geboten, die Finanzierung stand, und schon eine Woche später unterzeichnete ich den Vertrag. Ich hatte ein Haus.

Der Umzug begann umgehend. Jeden Tag packte ich mein Auto voll und fuhr zwei-, dreimal die Straßen hinauf, lud aus und fuhr sie wieder hinunter. Steter Tropfen höhlte den Stein. Anfang September schliefen Lilli und ich das erste Mal in unseren eigenen vier Wänden.

Das freundschaftliche Verhältnis zu meinen letzten Vermietern verschlechterte sich. Mit Unbehagen dachte ich an das Ende meiner Berg-Ära und meines Loftabenteuers zurück und fragte mich, wie ich meinen Abgang noch retten konnte. Gar nicht. Ich zog aus und stellte mich dem Sturm. Er wurde heftig, und er bedrückte meinen Einzug in das neue Haus. Natürlich begann ich mich zu fragen, warum all diese Episoden immer auf die gleiche Weise endeten. Es war Ronja, die mir darauf eine Antwort gab.

Natürlich hatte ich mich dafür entschieden, den nächsten Winter nicht am Spazierweg, sondern auf einer entlegenen Weide am Waldesrand zu verbringen. Es handelte sich um eine alte, fest eingezäunte Obstplantage, an deren Ende, versteckt zwischen einer Menge Buschwerk, eine recht große Hütte stand. Bis zum Tor war die Weide auf Asphalt erreichbar, Heu und Wasser würde ich von da ab wieder tragen müssen. Ich hatte die Hälfte der Hütte mit einer halbhohen Bretterwand abgetrennt, um den lammenden Schafen Ruhe und Schutz zu bieten. Ich wusste, dass an dieser Ecke meines Weidegebietes der Fuchs lebte. Ich suchte den Festzaun nach seinen Unterschlupflöchern ab und stopfte sie mit Steinen und Ästen zu. Wegen des starken Gestrüpps konnte ich kein stromführendes Schafnetz aufstellen. Ich würde die werdenden Mütter rechtzeitig in den Stall bringen müssen. Der Schnee fiel und fiel. Ich erwartete die ersten Lämmer in einem Monat und war sehr froh, alles so zeitig fertiggestellt zu haben.

Es war der 14. Februar. Ich kam wie jeden Morgen zum Füttern und stand schon eine Weile am Tor. Die Schafe trotteten langsam auf mich zu. Etwas an dem Bild stimmte nicht. Ich dachte: Finde den Fehler. Finde den Fehler! Dann: Lass es nicht wahr sein. Lass es bitte nicht wahr sein. Zwischen all den Schafen, die aussahen wie quergelegte Fässer auf vier Stelzen, stand Ronja, sehr klein und sehr schmal. Nicht mehr tragend. Und ohne Lämmer. Ich wusste sofort, was passiert war. Frischgeborene Lämmer verließen ihre Mütter nicht, die Mütter verließen sie nicht. Ich rannte über die Wiese zum Stall. Vor einem großen und dichten Brombeergebüsch sah ich die Blutspuren im flachgedrückten Schnee. Hier hatte Ronja gelammt. Viel früher als geplant. Nicht im Schutz der Hütte. Und keine Spur von den Lämmern.

Es konnte nur bedeuten, dass ich ein Loch im Zaun übersehen hatte. Ich fand es hinter dem Brombeergestrüpp. Daneben ein kleines braun bewolltes Lamm. Tot. Am Hals Bisswunden. Ich zog es durch die Dornen auf die Wiese, und sofort war Ronja da und stieß es mit der Nase an. Sie brummelte leise, wie es Schafmamas machen, um mit ihren Kindern zu sprechen. Immer wieder berührte ihre Nase die feine braune Wolle. Ich saß von Entsetzen gepackt neben ihr im Schnee und weinte. Ich glaube, wir weinten beide. Eine lange Zeit saßen wir dort, und das Einzige, was ich dachte, war: Du hast das Loch übersehen. Und: Du hast die Geburt nicht kommen sehen. Und: Es ist das erste Mal, dass Ronja braune Lämmer hat.

Ich habe mich in dieser Nacht sehr alleine gefühlt. Es war sehr kalt. Ich wusste, dass die Lämmer nicht bei *mir bleiben würden. Ich wusste es schon während der Geburt, und ich konnte es nicht ändern. Ich hatte keine Chance gegen ihn. Ich war so unendlich traurig, aber ich musste die beiden gehen lassen. Es gehörte dazu, zu meinem Leben. Es war eine wichtige Erfahrung. Ich habe diese Lämmer bewusst verloren, um einen neuen Zyklus zu beginnen. Ich bin nicht mehr traurig, ich bin geläutert. Die Erfahrung ist rund.*

Ich stand auf und war auf einmal sehr ruhig. Ich begriff, dass der beste Platz für meine lammenden Schafe der Stallwagen am Spazierweg war. Dort konnte ich die Elektronetze aufstellen, der einzige und zuverlässige Schutz gegen Füchse und andere Karnivoren. Dort waren Menschen unterwegs, deren Anwesenheit es den Raubtieren schwerer machen würde. Und dorthin konnte ich in weniger als fünf Minuten von zu Hause aus laufen. Von meinem eigenen Zuhause aus.

Ich begriff, dass ich – wie Ronja sehenden Auges – in all diese Wohn- und Lebensmiseren hatte laufen müssen, um am Ende an dem einzig richtigen Ort anzukommen. Diese Katastrophen, sie hatten zu meinem Leben dazugehört. Sie hatten meine Erfahrungen rund gemacht. Es war, als wäre ein Stein von meiner Brust genommen. In diesem ganzen Entsetzen und in dieser ganzen Verzweiflung hatte mir das wildschöne Schaf ein großes Geschenk gemacht.

Innerhalb einer halben Stunde hatte ich den Fußmarsch mit den Tieren und den Umtransport des Futters organisiert. Zwei Stunden später waren wir wieder am Wagen, und ich fütterte das Abendheu. Morgen würde ich anfangen, alles für die Lammzeit vorzubereiten.

Lange noch saß ich im Schnee und betrachtete Ronja. Mir wurde bewusst, dass sie schon ein altes Schaf war. Aber ebenso wusste ich, dass sie noch einmal Lämmer haben würde, im nächsten Jahr. Ich wollte nicht, dass unsere gemeinsame Geschichte so traurig endete. Unsere Trauer hatte uns zwar zusammengebracht. Aber ich wollte für sie und für mich, dass es ihre zukünftigen Lämmer wären, die uns zusammenhielten. Es wurden großartige Lämmer. Rosalie und Fips, die beide heute bei mir leben und mit denen dieses Buch enden wird.

Es waren Ronjas letzte Lämmer. Es war an der Zeit für sie zu gehen. Als der Sommer sich dem Ende neigte, merkte ich, wie sie sich immer mehr von der Herde zurückzog. Oft schaute sie mich an, und mir war, als würden wir beide wieder dort oben im Schnee sitzen. Dann starb sie. Nachts, inmitten der Herde und in aller Ruhe. Ich fand sie am nächsten Morgen. Ich war traurig, aber ich lächelte. Als ich sie unter den Netzen durch zu meinem Auto zog, stellte sich die ganze Herde entlang des Zaunes auf, Rosalie und Fips an ihrer Spitze. Einige blökten. Sie verabschiedeten sich. Es war ein einmaliger Augenblick. Ich habe so etwas nie wieder gesehen. Es war ein großer Abschied für ein großes Schaf.

OKTOBER: AMELIE ODER DIE SEELE ALLER DINGE

Es gibt in meinem Garten einen kleinen sanft abfallenden Hügel. Von diesem kleinen Hügel aus ist das ganze Grundstück gut zu sehen. An dem Tag, als das Haus in meinen Besitz überging, setzte ich mich abends auf diesen kleinen Hügel und ließ meinen Blick über die Quadratmeter neuen Lebens schweifen.

Das Haus liegt an einer Straßenecke. Genau dort, wo die Straßen aufeinandertreffen, wächst ein ausladender Ahorn. Am anderen Ende, ihm gegenüber, steht eine große Robinie. Direkt vor der Haustür eine Tanne, in der im Winter Spatzen wohnen. Ein wilde Kirsche und eine kleine Eiche gibt es auch noch. Wie stille Wächter harmonisieren die Bäume den Garten. Zwischen ihnen führt eine asphaltierte Durchfahrt rund um das Haus. Es gibt drei Eingänge. Einen würde ich zugunsten zahlreicher Gartengeräte stilllegen, den zweiten meinen Kunden und den dritten mir selber zuteilen. Zwischen Ahorn und Robinie ein Gemüsegarten. Und eine Schaukel für Lilli. Ich plante und plante. Welche Farbe für das Haus? Für den Zaun? Einen Zaun würde ich brauchen.

Das Haus hatte vor meinem Einzug fast zehn Jahre leergestanden. Niemand hatte es genutzt, aber jemand hatte es gehegt. Jeden Winter dampfte der Schornstein, der Rasen wurde gemäht und die Durchfahrt gefegt. Im Laufe dieser Jahre waren Wiese und betonierte Fläche Spielplatz, Abkürzung, Parkplatz und Hundetoilette geworden. Es dauerte ein wenig, bis von Nachbarn und Spaziergängern verinnerlicht war, dass Parkplatz und Toilette jetzt ein Garten waren. Vielen war das Gelände fast zu eigen geworden. Ich ging die Grundstücksgrenze ab: einhundert Meter Zaun. Dafür musste ich sehr viel Seife verkaufen. Der Zaun würde warten müssen. Wie einiges andere.

Die Werkstatt war am wichtigsten. Die Seifenproduktion durfte ich nicht lange unterbrechen. Schon bald zogen die ersten Düfte durch die Fenster und gaben Anlass zu Spekulationen. Dass ich Seife herstellte, gefiel den Menschen. Ich wagte allerdings nicht zu fragen, was meine neuen Nachbarn zu einem Schafstall im Garten sagen würden. Das war mein Traum, meine Tiere über den Winter am Haus zu haben. Keine Wasserkanister mit warmem Wasser mehr, keine Taschenlampen in dunkler Nacht, Lämmerkontrolle vom Schlafzimmerfenster aus. Im Kaufvertrag war allerdings eindeutig vermerkt, dass ich einem «nicht lärmenden Gewerbe» nachgehen dürfe. Meine Schafe lärmten, besonders, wenn ich mit dem Hafereimer kam. Also kein Plan für den Einzug.

Aber der Winterstall, der Wagen am Schwarzdorn, war nur fünf Gehminuten entfernt. Die Sommerweiden schlossen sich unmittelbar an. Manchmal konnte ich Henriette und Ronja blöken hören. Es war einfach schön.

Ich hatte dieses warme Gefühl im Bauch, das mich immer dann besuchte, wenn ich mich auf dem richtigen Weg fühlte. Aber mit dem Gefühl, einen Schritt nach vorne gemacht zu haben, stieg auch exponentiell die Angst davor, alles zu verlieren. Ich hatte eine Werkstatt, in der wir arbeiten konnten, ohne uns gegenseitig zu behindern, ich hatte eine große Wohnung, in der Lilli mit ihrem Dreirad fahren konnte, und ich hatte einen großen Garten mit Potenzial zur Selbstversorgung. Aber ich hatte auch Rechnungen über Grundsteuer, versiegelte Fläche wie Dach und Durchfahrt, für die ich Abwassergebühren zahlen musste, Haus- und Firmenversicherungen, Müllentsorgungskosten, die ungleich und ungewohnt größer als die eines Mieters waren.

In diesen Momenten der Freude und der Angst vermisste ich Amelie. Amelie war nach Wunibald und Silka das dritte Schaf, welches ich zu meiner Herde hinzukaufte. Sie stammte aus einem großen Milchviehbetrieb. Über den Sommer hatte ihr alter Besitzer sie und ihre Tochter an einen Streichelzoo ausgeliehen. Dort standen sie Woche um Woche, um sich von schreienden und juchzenden Müttern und Kindern betrachten und betasten zu lassen. Am Ende des Sommers durften sie nicht mehr zurück in ihre Herde, weil ihr Aufenthalt im Zoo nicht konform ging mit dem Seuchenschutzprogramm des Schafhofs. Sie standen in einem eingezäunten Areal eines Wasserreservoirs und sahen einer ungewissen Zukunft entgegen. Ich fuhr kein Seuchenprogramm, sondern war froh, zwei Schafe zum Preis von einem kaufen zu können. Amelie und ihre Tochter hatten ein neues Zuhause.

Sie brauchten lange, um bei mir, bei Pipilotta und den anderen anzukommen. Schlimm war der Aufenthalt im Streichelzoo für sie. Kalt und zugig der Stall. Angefasst und angestarrt, ohne die Möglichkeit des Rückzugs.

Ich ließ die beiden zunächst in Ruhe. Es war September, und die Sonne schien golden. Amelie legte sich gerne in die wärmenden Strahlen und döste mit geschlossenen Augen vor sich hin. Ich sah zu, wie sie ihre Ruhe wiederfand. Wie sie Stück für Stück bei sich ankam. Und ich merkte, wie auch ich bei mir ankam, wenn ich mich in ihrer Nähe niederließ. Wie eine Korona umgab Amelie das Gefühl, vollkommen in sich zu ruhen. Da ich immer weniger Zeit fand, mich zu ihr zu setzen, ging sie dazu über, mir beim Zäunestecken oder auch später bei Melken sanft in die Kniekehle zu stupsen oder mir in den Nacken zu pusten. Ich nahm ihre Aufmerksamkeit dankbar an. Amelie wurde mein Seelenschaf.

Die Zeit wurde der minimierende Faktor in meinem Leben. Da waren Lilli, die Schafe und die Seife. Da waren nur 24 Stunden eines jeden Tages. Da war kein: Ich räume heute die Garage auf. Ich mähe den Rasen alle zwei Wochen. Da war selten ein: Ich mache jetzt die Buchführung. Oder ich wische den Hausflur. Und noch seltener: Ich fege den Hof. Oder ich putze die Fenster.

Ich machte all diese Dinge gern auf die eine oder andere Art. Ich machte sie nicht gern unter Druck. Um wenigstens die wichtige Buchhaltung in geregelte Bahnen zu lenken, suchte ich mir einen guten Steuerberater. Meine Freundin übernahm das Sortieren und Abheften der Belege. Ich betrachtete die Angelegenheit als erledigt und kümmerte mich um andere Dinge. Als die monatlichen Umsatzsteuerabgaben anhaltend hoch blieben, wertete ich das als erfolgreiche Steigerung des Verkaufs. Dass von der Steigerung nichts übrig blieb, wertete ich wiederum als einen zu hohen Kostenapparat, den es zu verkleinern galt. So vermittelte mir das mein Steuerberater. Überprüft habe ich es nicht. Mir war klar, dass Kosten und Gewinne ein sehr wichtiger Teil meiner Arbeit waren. Den richtigen Zugang dazu fand ich nie. Ich war, ich bin kreativ. Ich sammelte Ideen, wenn ich in der Werkstatt stand, an den getrockneten Kräutern roch, mein Blick über die Flaschen ätherischer Öle glitt. Wenn ich im

Frühling die Kirschblüte kommen und gehen sah, wenn ich beim Stecken der Zäune über Gänseblümchen und Löwenzahn stolperte. Wenn im Sommer das gemähte Gras zu duftendem Heu wurde und im Herbst die verschiedensten Sorten Äpfel auf die Weiden fielen. Ich sammelte sie nicht, wenn ich mit Zahlen jonglierte und Rechnungsquittungen sortierte. Diese Arbeit fühlte sich kühl und grau an, das Schaffen neuer Seifen warm und bunt. Mir war klar, dass dies ein durchaus naiver Zug an mir war, aber auch dass der Überblick über Finanzen und Steuern unbedingt dazugehörte, wollte ich eine erfolgreiche Geschäftsfrau sein. Daher war ich auch so dankbar, wenn auch teuer bezahlte Hilfe zu bekommen.

Der Vorschlag, meine Schafe abzuschaffen, war schon während meiner Schwangerschaft mehrfach an mich herangetragen worden. Zu anstrengend, zu viel Arbeit, zu viel Geld für was? Die Argumente waren immer dieselben, und ich ignorierte sie. Wenn ich mir einer Sache ganz sicher war, dann, dass ich bis an das Ende meines Lebens Schafe haben würde. Ich regte mich da nicht auf. Ich wunderte mich nur, dass so wenige Menschen sahen, wie verbunden ich mit meinen Tieren war. Und was sie mir gaben. Und dass die Milch genau dieser Tiere meine Seifen zu etwas sehr Besonderem machte. Was meine Kunden mir tagtäglich bestätigten und Journalisten immer wieder berichtenswert fanden. Da waren mir die Arbeit und Anstrengung nicht wichtig. Die Kosten, nun ja, an deren Minimierung arbeitete ich.

So nahm ich es dem Steuerberater nicht übel, als schließlich auch er mit dieser Idee kam. Warum ich die Milch nicht einfach zukaufte? Die Frage war einfach zu beantworten. Schafe geben im Vergleich zu Kuh (30 Liter) und Ziege (drei bis vier Liter) sehr wenig Milch. Gerade einen bis eineinhalb Liter. Im Gegenzug hat sie viel mehr Trockensubstanz, mehr Eiweiß, mehr Fett, mehr Vitamine und Mineralstoffe. Deswegen ist Schafmilch so kostbar. Und deswegen geben Schafbetriebe sehr selten von ihrer Milch ab, die sie meistens selbst verkäsen. Das leuchtete ihm ein, dem Steuerberater. Auch die Werbewirksamkeit sah er. Über den nicht sichtbaren Wert, die schönen Momente, die ich mit den Tieren erlebte, redete ich nicht mit ihm. Die brachten kein Geld. Trotzdem fühlte ich mich aufgehoben und sicher mit diesem Mentor an meiner Seite. Das Bauchgefühl, das war wieder ein anderes, und wieder schenkte ich ihm kein Gehör.

Es brach sich Bahn, als ich aus einem nichtigen Anlass in der Kanzlei anrief. Nach kurzer Klärung desselben bat der Steuerberater darum, jetzt sofort vorbeikommen zu dürfen. Ich war irritiert, sagte aber zu. Eine halbe Stunde später stand der Mann vor mir und sagte: «Sie sind pleite. Den Insolvenzverwalter rufe ich noch nicht, aber Sie suchen sich besser einen Job an einer Discounterkasse. Da verdienen Sie mehr.»

Ein Schlag mit dem Hammer hätte mich nicht derber treffen können. Ich war so schockiert, dass es mir noch nicht mal gelang, fundierte Fragen zu stellen. Ich glaube, der Steuerberater ging sehr schnell wieder, denn ich fand mich draußen unter meinem Ahorn wieder. Allein. Fast war es eine Situation wie damals im Krankenhaus, als ein unsicherer Kinderarzt mir die Behinderung meines Kindes erklärt hatte. Ich war zu keinem klaren Gedanken fähig. Alles verloren. Alles verloren? Ich konnte und wollte das nicht glauben. Ich sah das Haus an, meinen Garten, in dem ich das erste Mal Tomaten und Zucchini und Bohnen geerntet hatte. Der wenigstens schon zur Hälfte von einem Zaun umgeben war. Ich dachte an Lilli, die ich in einer halben Stunde aus dem Kindergarten würde abholen müssen. An meine Mitarbeiterinnen.

Ich rief die beiden an, die es direkt betraf. Zuerst meine Studienfreundin. Es fiel mir schwer. So lange kannten wir uns schon, hatten gemeinsam das Studium, die Abschlussprüfung bestanden. Hatten zusammen gewohnt, zusammen gelebt und zusammen gestritten. Hatten uns Jahre nicht gesehen und auf einmal wieder gegenübergestanden. Es war mir wie ein Geschenk, dass ihr die Arbeit bei mir gefiel und sie gerne ihre Aufgaben erledigte. Ausgerechnet heute war ich zu ihrer Geburtstagsfeier eingeladen. Ich sagte ab, aber nichts Genaueres, wollte die Feier nicht verderben. Nur dass ich in Zukunft nicht mehr so viel Arbeit für sie hätte. Die ganze Geschichte würde sie am nächsten Tag erfahren.

Dann Para. Sie war zur letzten Weihnachtssaison dazugekommen, eine große Frau, wenig älter als ich. Der Kontakt war über Freunde zustande gekommen, und meine anfängliche Zurückhaltung war schnell einer dankbaren Zusammenarbeit und einer sich leise anbahnenden Freundschaft gewichen. Mit ihr redete ich länger, machte meiner Fassungslosigkeit Luft. Auch sie war schockiert. Auch sie musste zu Hause bleiben. Ich würde alleine weiterarbeiten müssen. Wie konnte aus heiterem Himmel diese Situation eintreffen, bereits eingetroffen sein? Was hatte ich übersehen?

Am darauffolgenden Wochenende fand ein Mittelaltermarkt statt, den ich schon Jahren besuchte. Der erste nach der langen Sommerpause. Viele Stammkunden hatte ich dort. Mein erster Impuls war, den Markt abzusagen und mich im Schafstall zu vergraben, aber ich riss mich zusammen und bereitete alles vor. Selber verkaufen konnte ich, seit Lilli da war, nicht mehr. Aber das taten meine Arbeitskräfte dafür umso lieber. Ich fuhr nur hin und baute alles auf. Meine Freundin nahm mich fest in den Arm. Dann fuhr ich unter Tränen wieder nach Hause. Endlich Zeit, Angst und Trauer für einen kurzen Moment loszulassen.

Ich packte Lilli in den Fahrradanhänger und fuhr auf die Weide. Wir legten uns auf eine Wolldecke in das Gras und warteten. Ich stellte mir vor, wie Amelie käme und mir in gewohnter Manier ins Gesicht pustete. Ach, Amelie, dachte ich, alles vorbei. Die Angst, die mich in dem Augenblick überfiel, Angst vor dem, was jetzt auf mich zukommen würde, schnürte mir die Kehle zu.

Existenzangst ist etwas sehr Menschliches. Du solltest dich mehr an uns Schafen orientieren, dann hättest du solche Ängste nicht. Das ist etwas, was in der Natur des Menschen liegt. Ihr Menschen denkt so weit voraus. Ihr lebt mehr in der Zukunft als in der Gegenwart. Wir Schafe kennen keine Existenzangst. Wir denken nur von einem Grashalm zum nächsten. Was nützt es, schon an den übernächsten zu denken, wenn der nächste noch gar nicht bewältigt ist? Wer weiß, wie dann die Welt aussieht? Du wirst nicht verhungern, du hast uns. Das ist doch das Wichtigste. Wovor hast du Angst?

Ich lächelte. So einfach war das also. Von einem Grashalm zum nächsten. Aber sie hatte recht. Natürlich hatte sie recht. Ein Schaf guckt nur so weit voraus, wie es sehen kann. In diesem Radius bleibt es, sonst könnte es nicht überleben. Und das würde ich auch tun. Nach diesem Wochenende würde ich die Zahlen durchgehen und sehen, wo der Fehler lag. Erst dann würde ich entscheiden, wie es weitergehen sollte.

Eine Entscheidung wurde mir bereits an diesem Abend abgenommen. Ich war noch einmal rausgefahren, um die Böcke umzuzäunen. Es dämmerte bereits, ich musste mich beeilen. Dennoch ging ich an mein Telefon, als es in meiner Hosentasche klingelte. Eine aufgebrachte Kundin, die lange schon meine Seifen kaufte. Auf dem Markt sei sie gewesen. Dort ginge das Gerücht, ich sei mit meiner Firma insolvent. Jemand anderes würde sie weiterführen. Ob sie denn die Seifen in gewohnter Qualität bekommen würde? Ein Schlag ins Gesicht. Ich sagte erst gar nichts, dann, dass es sich um ein Missverständnis handele. Ich würde weiterhin meine Schafmilchseifen herstellen, niemand anderes. Dann stand ich dort im Dunkeln zwischen den Böcken. Mehr noch als diese unangenehme Situation lähmte mich der sich so offen darstellende menschliche Verrat. Und der kommende Verlust, der sich zwangsläufig daraus ergeben würde. Ich war ehrlich zu mir. Auch das hatte sich seit langem und immer wieder angekündigt. Sehr leise und doch so klar. Ich hatte es nicht sehen wollen. Wieder einmal.

Ein Gespräch schloss ich aus. Ich hatte keine Kraft und sah keine Chance auf ein weiteres Zusammenarbeiten. Ich wollte schnell ein Ende. Und das setzte ich. Kompromisslos.

Mehr denn je schöpfte ich die Kraft zum Weitermachen aus der Arbeit mit den Schafen. Ich baute den Wagen aus, mähte überständiges Gras, schnitt Klauen. Arbeiten, die erden. Keine Missgunst, keine Zwietracht, kein Neid unter Schafen. Ich erholte mich. Die Firma lief weiter. Und dann, auf einmal, im nächsten Monat, war ich nicht mehr pleite. Im Grunde genommen nie gewesen. Das Sommerloch war immer tief, aber mit Beginn der Herbstmärkte und dank früher Weihnachtskunden schnell gefüllt. Ich rief Para an, die sofort kam. Jetzt waren wir nur noch zu zweit. Aber glücklich, dass es uns noch gab. Mit Feuereifer stürzten wir uns auf die kommende Weihnachtssaison. Meine Erleichterung war so groß, dass ich mir die Frage, warum der Steuerberater das Sommerloch nicht berücksichtigt hatte, nicht stellte. Ich lachte, Para lachte, und dann tranken wir eine Flasche Sekt.

In den nächsten Wochen riefen immer mehr Kunden an, die sich besorgt nach meinen Seifen und mir erkundigten. Ich lächelte den Ärger weg und beruhigte alle. Ich lächelte nicht mehr, als mir erzählt wurde, dass es einen neuen Seifenshop gebe. Mit Seifen, die so aussähen wie meine und von denen einige so hießen wie meine. Ob es denn meine wären? Ich wusste sofort, wer diese Seifen machte.

Ich schaute nur kurz auf die Internetseiten und fand bestätigt, was ich am Telefon gehört hatte. Schon lange war es meine Angst, meine Seifenideen mit anderen teilen zu müssen. Ich hatte schnell meinen eigenen Stil entwickelt. Nicht nur durch die Schafmilch, auch durch Duftkombinationen, Farbgebungen und Formen. Diese Angst war immer Thema in unserer Firma gewesen. Das machte es so schlimm für mich, das tat weh. Rechtlich gesehen hatte ich keine Möglichkeiten. Das wusste ich, das wusste sie. Hier hatte ich auf Moral und Ehrgefühl vertraut. Dummer Fehler.

Aber es ist eine Sache, ein Ding nachzuahmen. Eine andere, diesem Ding eine Seele zu verleihen. Etwas, was übrig bleibt, wenn das Ding schon längst vergangen ist, die Seele der Seife. Und das tat ich mit jedem Liter Schafmilch, der in die Seife floss, mit jeder Seife, die ich in ihre Form goss, und mit jedem Namen, den ich den Seifen gab. Grashalm für Grashalm, dachte ich und konzentrierte mich auf meine Weihnachtsmärkte.

Das Weihnachtsgeschäft wurde sehr gut. Es war, als wollten mir die Menschen mitteilen, dass ich auf dem richtigen Weg war. Sie kauften so viel Seife wie noch nie. Ich war glücklich und froh, die dunklen Kapitel des letzten Jahres hinter mir lassen zu können. Ich dachte sogar daran, im nächsten Jahr eine neue Heizungsanlage zu kaufen.

Im Januar dann kamen die Briefe des Finanzamtes. Einer, zwei, fünf. Umsatzsteuernachzahlungen der letzten vier Jahre. Alle zusammen im unteren fünfstelligen Bereich. Ich konnte damit rein gar nichts anfangen, hielt das Ganze für ein großes Missverständnis. Mein Steuerberater kam und sprach Sätze, die ich nicht verstand. Eine Steuererklärung unauffindbar. Steuerprüfung. Traurige Geschichte. Keine neue Heizungsanlage.

Die Lammzeit lenkte mich ab. Zwanzig tragende Mutterschafe standen auf der Wiese. Der Stall war gut vorbereitet, viel hatte ich nicht mehr zu tun. Gut, denn ich war nicht immer bei der Sache. Ich war wütend, verzweifelt, traurig. Dann musste ich ob der Absurdität der ganzen Situation wieder lachen. Mieses Karma, dachte ich. Wie Amelie damals.

Als Amelie das erste Mal bei mir lammte, lebten wir noch am Berg. Sie war spät dran, alle anderen Mütter standen schon mit ihrem Nachwuchs auf der grünen Wiese. Es war Ostersamstag, ich hatte meine Freunde zum Grillen eingeladen. Der Feuerplatz lag ein paar Meter neben dem Stall, so dass ich beruhigt das Schaf im Auge behalten konnte. Am späten Nachmittag ging es los. Sie legte sich in eine Ecke in das Stroh und presste. Es war nicht die Fruchtblase, die kam, sondern ein Teil der Gebärmutter. Ein Fall für den Tierarzt. Ich verabschiedete mich von meinen Freunden, lud das Tier in mein Auto und fuhr in die Stadt hinunter. Der Tierarzt war da, und so standen wir am Abend vor Ostern in seiner Praxis und holten in einer einstündigen Operation zwei gesunde Lämmer auf die Welt. Um zehn Uhr abends fuhr ich mit den dreien wieder zurück. Amelie schien völlig überfordert. Wie damals im Zoo war sie einer Situation ausgesetzt, die sie nicht mehr unter Kontrolle hatte. Ich molk die Beastmilch in eine Flasche und übernahm die Erstversorgung der Lämmer. Dann legten und setzten wir uns alle ins Stroh und atmeten durch. Den Grillplatz hatten meine Freunde schon aufgeräumt.

Amelie nahm nur noch eines der beiden Lämmer an, das andere zog ich mit der Flasche auf. Sie war dankbar dafür, dass ich nicht mehr von ihr verlangte, als sie geben konnte. In den nächsten zehn Jahren brachte sie zahlreiche gesunde Lämmer zur Welt. Um keines von ihnen musste ich mich mehr kümmern. Gutes Karma.

Ein Laster aber hatte Amelie. Sie fraß gerne. Wenn es Zwieback oder trockenes Brot gab, stand sie immer in der ersten Reihe. Das Kraftfutter verschwand beim Melken in ihrem Maul wie in einem Staubsauger. Mehrfach in ihrem Leben überfutterte sie sich an dem frischen jungen Gras des Frühlings, was sie immer mit starken Bauchschmerzen bezahlte. So war es eine traurige Konsequenz, dass ihr alternder Körper die Menge Thuja, die sie in jenem kalten Winter fraß, nicht mehr verarbeiten konnte. Spät in der Nacht hatte ich mich noch einmal zum Stall aufgemacht, um nach den kranken Tieren zu sehen. Vielen ging es schon besser. Nur Amelie lag in dem Bauwagen, klein und zierlich, den Kopf zum Bauch gedreht. Sie war müde, die Vergiftung und die Medikamente hatten sie angestrengt. Ich nahm ihren Kopf in meine Hände und legte meine Stirn an ihre. Amelie, dachte ich, das bekommen wir wieder hin. Auf die eine oder andere Art wird es dir wieder bessergehen. Sie pustete leise und drehte ihren Kopf wieder zum Bauch. So fand ich sie am nächsten Morgen, den Kopf am Bauch, ihr ganzer Körper mit Frost überzogen. Wie in einem Märchen. Sie hatte sich nach einem langen Leben für die andere Art, für das Sterben, entschieden.

Ich vermisste ihre ruhige und sanfte Art sehr. Ihre Dankbarkeit, in meiner kleinen Herde sie selbst sein zu dürfen und nur im Augenblick zu leben, hatte mich mit Glück erfüllt. Die Leere, die sie hinterließ, füllte sich nur langsam.

Grashalm für Grashalm, Schritt für Schritt, überwand ich die Steuerkrise. Das Finanzamt kam mir entgegen, und ich stotterte über das Jahr die geforderte Summe ab. Ebenso meine Wut. Ich sah ein, dass sie mich nicht weiterbrachte. Vom Jetzt-Zeitpunkt aus betrachtet, hätte ich mich schon in der «Insolvenzkrise» von meinem Steuerberater trennen müssen. Wäre ich bei mir geblieben, hätte ich gesehen, dass der Schein nicht das Sein war. Hätte, könnte, wäre. Ich hatte es nicht gesehen, und so nahmen die Dinge ihren Lauf. Und brachten mich dorthin, wo ich heute stehe. Und das war gut so.

NOVEMBER:
MEPHISTO ODER EIN SCHAFLEBEN LANG

Jedes Jahr im Februar und März bringen meine Schafe 20 bis 25 Lämmer auf die Welt. Die Lammzeit ist immer etwas sehr Besonderes. Ich sehe ihr mit Freude, aber auch großer Anspannung entgegen. Wie viele Erstgebärende sind dabei? Wird es Schwergeburten geben? Bei wem setzt die Geburt als Erstes ein? Oft war es Henriette, mal Emma, einmal Ronja. Tagelang beobachte ich Euter und Atembewegungen. Wer zieht sich in eine ruhige Ecke zurück, wo ist schon eine Fruchtblase sichtbar? Dann mache ich ein Abteil in meinem Stallwagen fertig und bringe die werdende Mutter auf das frische Stroh. Hier hat sie ihre Ruhe, hier gehen die Lämmer nicht verloren, hier können Mutter und Kind zueinanderfinden. Anfänglich gelingt mir das sehr gut, nur gibt es immer einen Tag in dieser Zeit, an dem fünf oder acht Schafe nahezu gleichzeitig lammen. Immer. Jedes Jahr. Dann komme ich zum Stall und höre schon von weitem das aufgeregte Blöken, wenn die Mütter versuchen, die zahlreichen Kinder zuzuordnen. Da hilft nur Ruhe bewahren und aufmerksam beobachten, um die Familien wieder zusammenzuführen.

Bei manchen Geburten muss ich helfen. Erstgebärende tun sich häufig schwer. Drillingsgeburten verlangen den Schafen alles ab. Oft kommt es nicht vor, aber die Lämmer, die ich dann auf die Welt hole, bleiben mir besonders im Gedächtnis.

Ist die Hürde der Geburt erst einmal genommen, bewache ich die ersten Tage und Wochen des Lämmerlebens. Trinken sie gut? Bekommen sie genügend Milch? Kümmert sich die Mutter? Nach ein paar Tagen fangen sie an, am Heu herumzuknabbern, nach einer Woche stehen sie schon mit an der Raufe. Bald gründen sie ihren Kindergarten, liegen zusammen im Stroh und hopsen über die Weide. Niemand, dessen Herz das nicht berührt.

Wenn es an den ersten Umtrieb geht, vom Winterstall zur Frühlingsweide, muss ich mir Hilfe holen. Zu viele neue Eindrücke sind es, die die kleinen Schafe auf Abwege führen. Ich gehe vorweg, zwei hinterher, die die Lämmerschar auf dem Weg halten müssen. Ich habe den leichteren Job.

Spätestens im Juni lasse ich meine Schafe scheren. Von der Idee, diese Arbeit selbst zu machen, ließ ich vor Jahren ab. Ich schaffte eine halbe Pipilotta und hatte es fast zwei Wochen im Kreuz. Ich denke, für diese Arbeit muss man geboren sein. Ich bin es nicht.

Haben die Schafmamas ihre Wolle verloren, sind sie kaum wiederzuerkennen. Selbst ich habe meine Schwierigkeiten und muss spezifische Merkmale wie Kopfform oder Euterbeschaffenheit suchen. Lämmer erkennen ihre Mütter erst gar nicht wieder. Entsetzt sind sie hin- und hergerissen zwischen Annähern und Weglaufen. Über die Stimme und den Geruch finden sie sich wieder, Mutter und Kind, und erleichtert trinken die Kleinen auf den Schreck die Milch aus dem blanken Euter. Sie selbst werden erst im späteren Sommer geschoren, wenn ihre Wolle lang genug ist.

Ein weiteres einschneidendes Erlebnis ist es, wenn sie von ihren Schafmamas getrennt werden. Nicht alle trifft dieses

Los, nur diejenigen, deren Mütter ich zu melken entschieden habe. Ich lasse sie lange zusammen, Mutter und Kind, gut zwei Monate. Das geht zulasten der Milchmenge, die ich über den Sommer ermelke. Aber die Lämmer sind groß und stattlich und fressen genug grünes Gras, um die Milch nicht so sehr zu vermissen. Für die Mütter ist es manchmal sogar eine Befreiung, ihre Ruhe zu haben vor dem Nachwuchs. Zwei große Lämmer sind ungestüm, wenn sie in das Euter buffen, um den Milchfluss anzuregen. Da werden die mütterlichen Beine gut zehn Zentimeter vom Boden gehoben.

Die Schafkinder stehen brüllend am Zaun. Erwachsen zu werden ist in jeder Spezies ein schmerzhafter Prozess. Bei den Schafen dauert er nicht lange an. Schon am nächsten Tag ist wieder Ruhe eingekehrt.

Dann, im Juli und August, werden aus den niedlichen Lämmern pubertierende Biester, die ihre Kräfte messen und sich nichts mehr sagen lassen. Es ist die Zeit, in der ich zunehmend brüllend auf der Wiese stehe und durch zügiges Hin-und-her-Gerenne diverse Ausbrüche zu vereiteln suche. Wären nicht noch ein paar Altschafe in der Herde, die mit gutem Beispiel vorangingen, könnte ich diese kleinen Monster gar nicht mehr lenken.

Es passiert viel in so einem Lämmerleben. Ich begleite es von der Geburt an bis zu dem Zeitpunkt, an dem wir im Herbst zum Schlachter fahren.

Das erste Lamm, der erste Bock, den ich geschlachtet habe, war Mephisto, Pipilottas erster Sohn. Als im frühen Herbst die Geschlechtsreife einsetzte, konnte ich ihn nicht mehr bei Mutter und Schwester lassen. Alleine stehen konnte und sollte er auch nicht. Und ich wollte mich nicht vor meiner Berufung drücken.

Mir war nicht von Anfang an klar, als ich den Weg in die landwirtschaftliche Berufslaufbahn einschlug, dass Nutztierhaltung unweigerlich mit Tod und Töten zusammenhängt. Die Geburt wird auf großen Milchviehbetrieben selbst herbei- und durchgeführt. Das Töten machen andere. Der Viehhändler kommt mit seinem großen Wagen, das Tier wird verladen und verschwindet. Selbstvermarktende Betriebe bringen die Tiere zu kleineren Schlachtereien. Am nächsten Tag holen sie die Hälften vom Haken und verarbeiten das Fleisch. Gibt es dort Abschiedsschmerz für ein Tier, mit dem man nur wenige Jahre seines Lebens verbracht hat? Ich bin mir sicher. Kann er seinen Platz finden auf dem Hof? Ich weiß es nicht.

Während meiner Ausbildung zum staatlich geprüften Landwirt habe ich auf Kuh- und Schweinelehrgängen das Töten gelernt. In der Theorie. Bolzenschussapparate auf Pappkuhköpfe. Scharfe Messer an Papphälsen. Ich war von nun an verpflichtet, ein in meiner Obhut lebendes Tier im eingetretenen Falle von seinen Leiden zu erlösen. Was das bedeutete, war mir nicht klar.

Das erste Mal mit dem Akt des Schlachtens konfrontiert wurde ich auf meinem letzten Lehrbetrieb, dem Biohof, der seine Mutterkühe selbst zur dörflichen Kleinschlachterei fuhr. Das Verhältnis zu Tier und Tod empfand ich dort als gesund. Im Leben war dem Bauern das Tier ans Herz gewachsen, aber der Tod war der Deal für das Leben. Er fuhr mit jedem einzelnen Rind und blieb bis zum Schluss. Das Fleisch, rot und kräftig, das Leben für ihn, seine Familie und die Fortführung des Betriebes.

Das Schlachten des Geflügels allerdings war weit weniger romantisch. Viele Hähnchen in vielen Kisten fuhren wir an sehr frühem Morgen zu einem sehr kleinen Schlachthof. Hier ging es Schlag auf Schlag, die Zeit machte das Geld. Ironisches Feixen gegen Gewahrwerden der Arbeit. Ich schluckte, atmete tief und hielt durch bis zum Schluss. Gedanken an die Zustände in Großschlachtereien verbiete ich mir bis heute.

Spätestens also mit Abschluss meiner Ausbildung war mir klar, dass ich mich mit Gewinnung der Milch auch mit der Schlachtung der Lämmer auseinandersetzen musste. Und schneller als ich wollte, war der Moment da.

Ein guter Bekannter von mir, der auch am Berg wohnte und Ziegen hielt, hatte Erfahrung im Schlachten und bot mir Hilfe gegen Hammelkeule an. Er hatte ein altes Schaukelgestell im Garten, an dem der Schlachtkörper aufgehängt werden würde, und entsprechendes Werkzeug inklusive Bolzen. Ich schlief schlecht in der Nacht davor, fuhr mit zitternden und kalten Händen zur Weide, um Mephisto zu holen. Er, der zu Lebzeiten seinem Namen nie gerecht wurde, kam sofort und ließ sich widerstandslos in das Auto verladen. Meine Aufregung und Angespanntheit blieb ihm nicht verborgen. Im Garten angekommen, ging alles sehr schnell. Wir zogen und schoben das Tier zum richtigen Platz. Ich stellte ihm einen Eimer mit Hafer vor die Nase, und er begann begeistert zu fressen. Der Schuss fiel, und das Blut floss in die Schüssel. Wir hängten den Korpus an den Hinterbeinen an das Gerüst. Das Fell von oben nach unten gezogen. Innereien in eine weitere Schüssel. Schwerstarbeit. Der Körper nur noch halb so groß. Schultern ab, Keulen ab, Rücken in backofengroße Stücke. Fertig. Ich lud Fleisch und Fell in das Auto. Die Schlachtabfälle würde ich später zur Entsorgung zu einer Schlachterei bringen. Zu Hause angekommen, sank ich in meiner Küche auf den Boden und weinte. Die Freude über das gute Fleisch und das wärmende Fell wich einer tiefen Trauer und Schuld. Theorie und Praxis. Das erste und einzige Mal zweifelte ich an meiner Berufswahl. Ich sah es als Aufgabe und Pflicht, den ersten und letzten Atemzug meiner Tiere zu begleiten. Die

Trauer über den Tod brachte mir die Ehrfurcht vor dem Fleisch. Aber es war ein selbstgewähltes Martyrium, keine Frage.

Darüber, die Tiere zu verkaufen, dachte ich niemals nach. Nicht an einen Viehhändler, auf gar keinen Fall, auch nicht an private Halter. Schlimmer noch als selbst zu schlachten wäre es für mich, nicht zu wissen, wie meine Schafe weiterleben und letztendlich dort geschlachtet würden. Aber mit steigender Tierzahl würde ich einen zugelassenen Schlachter finden müssen. Mephisto in der freien Natur zu töten war mir eine wichtige Erfahrung, vom Gesetzgeber aber nicht erlaubt.

Die dörflichen Strukturen hier ermöglichten es mir, einen kleinen Hausschlachter aufzusuchen, der sich auf mein Ritual einließ. Ich fuhr die Tiere in meinem Auto dorthin, redete mit ihnen auf der Fahrt, dankte ihnen und verabschiedete mich. Dort angekommen, hob ich sie einzeln heraus und ließ sie aus einem Hafereimer fressen. Mein Seelenheileimer nannte ich ihn. Und während das Tier fraß, trat der Bolzen durch den Schädel, und es war vorbei. Es war ruhig, es ging schnell, und mit den Jahren versuchte ich mich mit diesem Teil meiner Arbeit zu arrangieren.

Es gelang mir nur sehr langsam. Ich hegte und pflegte jedes noch so kleine und schwache Lamm. Ich konnte es nicht ertragen, eine Schafmama ihr Lamm verlieren zu sehen. Wie sollte ich sie im Herbst töten, geschweige denn essen können?

Zeitgleich entstand in unserer zivilisierten Gesellschaft in Reaktion auf die Missstände der Massentierhaltung erst die Vegetarier-, dann die Veganergemeinde. Hier versammelten sich Menschen, die zum Schutz und Wohl der Tierwelt teilweise oder ganz auf das Verspeisen derselben verzichteten. Auch ich lebte mehrere Monate vegan in der Absicht, meine Arthrose zu heilen. Ich kam in einen massiven Gewissenskonflikt mit meiner Tierhaltung. Wozu Schafe halten, wenn man sie nicht melken und essen will? Zumal die Arthrose schlimmer wurde, der erhöhte Sojakonsum mir nicht bekam und ich die Schafhaltung nicht aufgeben wollte. Ich erinnerte mich an eine Szene, die Erik Zimen, einer der bekanntesten Wolfsforscher, in einem seiner Bücher beschrieb. Ein Wolfsrudel riss ein junges Kuhkalb. Das Geschehen war so direkt gewaltsam, dass selbst er den Blick abwenden musste. Und doch war es die Natur, war es das Überleben des einen und das Sterben des anderen. Und dann sah ich es. Ich sah, dass das Problem für die Schafe keines und nur für mich eines war. Ich, die ich mich als so naturverbunden betrachtete, übertrug meine Angst vor meinem Sterben auf Lebewesen, die sich Leben und Tod hingaben, hingeben mussten. Ich wollte jedes Leben retten, so wie im Ernstfall das meine gerettet würde und gerettet werden sollte, weil unsere Gesellschaft so daran hing. In der Natur gab es niemanden, der sich schwacher und kranker Tiere annahm. Sie starben, mussten sterben, um den Rest der Herde nicht zu gefährden. Ein Eingreifen in diesen Prozess brachte unweigerlich das Gleichgewicht durcheinander. Ich stand in der Nahrungskette über meinen Schafen, dafür konnte ich nichts, dafür konnten meine Schafe nichts. Einzig der Respekt war es, den ich ihnen entgegenbringen konnte, um ihnen für das Leben zu danken. Respekt vor Mephisto, der sofort und anstandslos mit mir kam, Respekt vor den vielen anderen, die ihm im Laufe der Jahre folgten.

Was zerbrichst du dir den Kopf? Wenn du mich nicht isst, dann isst mich der Fuchs, wenn ich alt und grau bin. Wir hatten eine schöne Zeit bei dir, einen schönen Sommer. Und dann sterben wir. Ihr Menschen müsst immer alles bewerten, jede Situation, jedes

Leben. Ihr meint, ihr könnt alles beurteilen. Das ist typisch menschlich zu meinen, alles beurteilen zu können. Wie jemand zu leben hat. Ihr schreibt euch vor, was ihr unter Gut und Böse, unter Glücklichsein zu verstehen habt. Euch mangelt es an Respekt. Wenn ich über jemanden bestimme, über sein Leben, über sein Sterben, dann respektiere ich doch sein Schicksal nicht!

Wenn ihr alle nur noch Gemüse esst, welche Daseinsberechtigung haben wir dann? Stellt ihr uns dann in eure Gärten? Wir wollen nur, dass ihr Respekt vor unserer Aufgabe habt. Vor der Aufgabe, die wir im Leben übernommen haben. Zeigt uns euren Respekt, indem ihr nichts von uns wegwerft. Wenn wir in der Natur sterben, dann frisst der Fuchs unser Fleisch. Die Vögel holen sich unsere Wolle, um ihre Nester zu bauen. Zum Schluss kommen die Maden. Alles von uns wird gebraucht. Alles macht Sinn. Das ist der Respekt, den wir haben wollen.

Der Knoten löste sich. Ich nahm mit der Zeit das, was ich von meinem Schicksal auf die Tiere projizierte, zurück. Ich tat nach wie vor alles in meiner Macht stehende, damit es ihnen gutging. Aber ich lernte zu respektieren, wenn die Natur einen anderen Weg wählte.

Die Vermarktung des Lammfleisches, der Wurst und des Schinkens gab ich auf. Ich konnte es nicht mehr hören: «Ich esse doch keine Schafbabys!» Ich fragte mich, ob diesen Menschen bewusst war, dass kleine Kühe und kleine Schweine nicht viel anders aussahen, wenn sie geschlachtet wurden. Aber wie sollte

der Verbraucher mit rosigen, blutfreien Filets, die in Klarsicht-
folie verpackt in Kühlschränken lagen, einen mitfühlenden und
respektvollen Umgang hegen? Reportagen und Dokumentatio-
nen über die Schreckensbilder der Massentierhaltung machten
die Situation nicht besser; Angst und Schrecken hatten noch
nie nachhaltig Lösungen geboten. Ich rieb mich auf an dieser
Diskussion und stieg aus. Ich kaufte kein Fremdfleisch mehr,
sondern aß nur noch, was ich mit meinen Händen großgezogen
hatte. So halte ich es bis heute.

Ganz ausklinken konnte ich mich nicht, wie sich an verschiedensten Stellen meines Lebens zeigte. Immer dort, wo ich auf
nicht landwirtschaftliche Zivilisation stieß. Lilli war im Kindergarten, und der lud ein zu einer Muttertagsfeier mit Kuchen und
Violinkonzert am Nachmittag. An demselben Tag, für den ich
einen Schlachttermin vereinbart hatte. Ich konnte den einen
und wollte den anderen Termin nicht absagen, hoffte, dass alles
reibungslos funktionieren würde, und stellte nur ein Paar Schuhe zum Wechseln ins Auto, bevor ich zur Weide fuhr. Es ist ein
ungeschriebenes Gesetz, dass unter Druck rein gar nichts funktioniert. Die fünf Lämmer, die ich am Tag zuvor ausgesucht
hatte, merkten sofort, dass es nicht auf die grüne Wiese ging,
sondern ganz woandershin. Sie fraßen den von mir mitgebrach-
ten Hafer, ließen sich aber nicht eng stellen. Zwei erwischte ich,
für zwei andere entschied ich mich kurzfristig, weil ich sie zu
packen bekam. Mit dem letzten lieferte ich mir ein zuschauer-
reifes Rodeo. Das passierte mir nur, wenn mein Adrenalinspie-
gel bereits sehr hoch war und es nur noch um das Rechthaben
ging. Irgendwann hatte ich ihn, grimmig und schweißgebadet.
Wir beruhigten uns eine Zigarettenlänge lang und fuhren los.
Die Baustelle, an der sich zu dieser Uhrzeit alles staute, hatte ich

natürlich vergessen. Wir kamen gut eine halbe Stunde zu spät, die Zeit rannte. Ich zwang mich zu Gelassenheit. Vergessen den Ärger, erinnern an den Frühling und den Sommer, danken dem Hingeben des Lebens. Der letzte Schafkörper fiel, und mit ihm die Anspannung und Trauer. Ich hatte noch zehn Minuten, um zum Kindergarten zu fahren und mit meinem Kind den Muttertag zu feiern. Alle waren schon da und saßen im Kreis auf der sonnigen Terrasse. Bunte Kleider, zierliche Sandalen und manikürte Hände. Ich hatte Gummistiefel gegen Sneakers getauscht und bemerkte erst jetzt das Blut auf meiner Hose. Wie einige andere auch. Selten ein Moment, in dem mir die Andersartigkeit meines Lebens mehr bewusst wurde. Lilli half mir über diesen tiefen Graben hinweg und überbrachte mir freudestrahlend ihre Sonnenblume im selbstbemalten Tontopf. Dafür liebte ich dieses Kind: dass sie in mir nur die Mutter sah, nicht die abgehetzte Schäferin. Ich trug die Situation mit Fassung und genoss den Kuchen und die Sonne. Und bemerkte, dass mein Aufzug die anderen weit weniger irritierte, als ich dachte. Es wurde eine schöne Feier.

Anders verhielt es sich zunehmend mit Spaziergängern und Hundehaltern, die mich bei den verschiedensten Arbeiten auf den Weiden beobachten konnten. Das Melken faszinierte die meisten. Herumrennen und -brüllen, wenn ich die Schafe umstellte, veranlasste viele zum Lachen. Lud ich Tiere in mein Auto, folgten skeptische Blicke und argwöhnische Fragen.

Als Ulrike mich das erste Mal besuchte, stellten wir zusammen die Bockherde auf eine andere Wiese um. Dabei fiel uns eines der Tiere auf, das immer weiter zurückblieb und kaum mit den anderen mitkam. Der Bock atmete schwer, schien Fieber zu haben, weswegen ich entschied, ihn in den Stall zu bringen. Dort stand er trocken, und ich konnte ihn besser beobachten und behandeln. Schafe sind nicht gern allein, daher machten Ulrike und ich noch einen Abstecher zu der Mutterlammherde, in der ich noch einen kleinen Bock wusste. Den wollten wir holen und dem Kranken zur Gesellschaft bringen. Die fest eingezäunte Wiese, zu der wir fuhren, lag wie viele meiner Flächen an einem gern genutzten Spazier- und Fahrradweg. Als wir um die Ecke kamen, sah ich am Zaun ein junges Paar stehen, das begeistert seinem kleinen Kind im Kinderwagen die Schafe auf der anderen Seite des Zauns zeigte.

In solchen Momenten denke ich an Lilli, die ich mit Schafen und Tieren überhaupt nicht begeistern kann, weil sie mit ihnen aufgewachsen ist, und an die anderen Kinder – mich einst eingeschlossen –, für die Schafe auf einer Wiese etwas ganz Außergewöhnliches sind. Ich toleriere diese Eltern bis zu dem Punkt, an dem Futter/Gras/irgendetwas anderes durch den Zaun gesteckt wird, was die Lämmer dazu animiert, wiederum ihren Kopf durch die Maschen zu stecken und dort hängen zu bleiben. Nicht nur ein Schaf, das dadurch sein Leben verlor.

Wir fuhren langsam an der kleinen Familie vorbei und hielten etwas weiter unten am Tor. Die Besichtigung würde eh gleich vorbei sein, wenn ich die Tiere zu mir gerufen hätte. Sie kamen sofort, senkten die Köpfe über den ausgestreuten Hafer und fraßen. Ich hatte genug Zeit, den Bock zu suchen. Das Paar mit Kinderwagen kam näher. Ulrike stand am Tor. Der junge Mann sprach uns an, ob es in Ordnung gewesen wäre … sein Kind würde so gerne die Schafe sehen. Ich hatte den Bock bereits auf dem Arm und erklärte daher nur kurz die Sache mit dem Zaun und den Maschen. Wichtiger war jetzt, das Tier durch das Tor in das Auto zu bekommen, ohne dass alle anderen hinterherliefen. Ulrike öffnete und schloss das Tor, öffnete dann das Auto, in dem schon der Kranke wartete. Die ganze Zeit über beobachtete uns die junge Frau. Als beide Schafe im Auto und die Heckklappe geschlossen waren, fragte sie mit fester Stimme, was wir mit den beiden vorhätten. Ich musterte sie kurz. Modischer Parka, enge Jeans, Stoffschuhe. Blasse Haut, feine Hände. Die Schublade in meinem Kopf ging auf und wieder zu. Ich sagte: «Die gehen jetzt in die Truhe.» Ein fassungsloser Blick, die dünne Nachfrage: «In die Gefriertruhe?» Ich bejahte und stieg ins Auto. Ulrike unterdrückte nur schwer das Lachen. Ich wendete den Wagen, und im Vorbeifahren fing ich einen bitterbösen Blick ein. Zu Recht. Aber mit dieser Naivität, verbunden mit dem ungebremsten Drang, sich um das Wohl eines jeden Tieres, und ging es ihm auch sichtbar gut, zu sorgen, konnte ich schlecht umgehen.

Ich beobachtete, dass sich das Bedürfnis, vegan zu leben, untypischerweise ausgerechnet unter den Menschen verbreitete, die am wenigsten mit Tieren und Natur zu tun hatten. Unter meinen Freunden befand sich niemand, der sich nicht glücklich schätzte, zu Lammkeule vom Grill eingeladen zu werden. Im Supermarkt ging ich an Regalen mit Tofu- und Seitanwürstchen vorbei und fragte mich, warum jemand, der kein Fleisch isst, etwas braucht, was aussieht wie Fleisch, aber keines ist. Luxusproblem.

Heute erleichtere ich mir den jährlichen Abschied von meinen Lämmern, indem ich nur noch Arbeitstitel wie «Kleiner Mann» oder «Kerlchen» oder «Little Lottie» vergebe. Einen Namen bekommt nur, wer bleiben soll. Ich bereite mich einige Zeit auf die Schlachttage vor, indem ich etwas länger am Zaun stehe als sonst, ein paar Brotkanten mehr in der Hosentasche habe. Und ich sage den Tieren, wann es so weit ist. Damit sie sich verabschieden können. Den kleinen Schlachtbetrieb kann ich nicht mehr anfahren. Dank sich fortwährend ändernder EU-Bestimmungen konnte er wie viele seiner Kollegen nicht bestehen. Ich fahre jetzt zu einem im Vergleich immer noch kleinen Schlachthof. Ich fahre früh, bevor der Tagesbetrieb beginnt. Ich habe keinen Seelenheileimer mehr, aber ich halte meine Schafe im Arm, wenn die Elektrozange greift. Kein Laut, kein Blut. Stilles Lebewohl.

Mit meinen Alten fahre ich nirgendwohin. Wir trennen uns auf der Wiese. Uns verbinden Jahre. Viele Sommer, viele Winter. Viele Geburten, viele Laktationen. Viele Umtriebe und einige Ausbrüche. Sie sind so alt, dass ihnen manchmal der Weg zum Wasser zu lang ist. Sie liegen in der Sonne und warten auf mich. Lange sitzen wir zusammen, teilen den letzten Zwieback. Dann tue ich, was ich gelernt habe, und das lange Schafleben hat ein Ende.

Manchmal schaffen wir es, dass die Schafe von alleine gehen. Wie Lotte. Ihre letzte Trächtigkeit hatte sie sehr angestrengt. Beide Lämmer übergab sie mir, sie hatte keine Milch mehr. Schon im März sagte ich ihr, dass dieses ihr letzter Sommer sei. Sie ging im April. Ronja stand lange bei ihr in den letzten Stunden, sie wollten beide nicht mit auf den Umtrieb. Ich ließ sie, und wenig später holte ich nur noch Ronja. Wenn der Abdecker kommt, um die Schafleiber zu holen, ist da nichts mehr, nur noch die verfallende Hülle. Und ich weiß, dass es wieder der Mensch in mir ist, der das Leben so haben will, wie es nicht zu wollen ist. Ich weiß, dass alles gut ist, aber die Löcher in meinem Leben, die diese Tiere hinterlassen, sind groß. Silkas heiseres Blöken, Pipilottas spielende Ohren, Wunibalds großer Schädel. Und doch sind sie da. In ihren zahlreichen Nachkommen. In meinen Erinnerungen. In diesem Buch. Das macht mich glücklich.

DEZEMBER: WANDA ODER WENN SCHAFE AUF HUNDE TREFFEN

Länger als meine Schafe begleiten mich Hunde, fast mein halbes Leben lang. Erst war es der obligatorische Familienhund Gisa, der aus dem Tierheim kam. Meine Mutter war es, die sich am meisten um das Tier kümmerte, während ich in der Schule und mein Vater im Büro war. Gisa war eigen, wie die meisten Hunde, die erst im zweiten oder dritten Anlauf ihr Zuhause fanden. Die Vergangenheit ungewiss und das Misstrauen gegen den Menschen groß, verbellte sie alles und jeden, der nicht zur Familie gehörte. Bei unserem finalen Wegzug aus Hannover griff sie einen der Möbelpacker an. Sie wurde trotzdem alt, und als sie starb, war ich traurig, meine Mutter aber viel mehr als ich.

Der erste Hund, den ich mein Eigen nannte, war ein weißer Schäferhund. Ich sah diese Rasse in Hannover erstmals in der Fußgängerzone bei einem Schäfer. Er saß dort regelmäßig im Herbst und Winter, umgeben von fünf dieser Tiere, bettelte und verkaufte Welpen. Er war ein sehr freundlicher Mann, der dort saß, weil er Freude an den Menschen hatte. Ich besuchte ihn oft und unterhielt mich mit ihm, nicht wissend, dass ich Jahre später derselben Berufung folgen sollte. Ich kaufte ihm keinen Welpen ab, denn ich stand mitten in meiner Sturm- und Drangzeit und war so klug zu wissen, dass es ein Hund in dieser unruhigen Zeit nicht gut bei mir hätte.

Als die Drangzeit vorüber war, änderte sich das. Ich war allein, meine alten Freunde drängten weiter, und ich fühlte, dass ich für etwas oder jemanden die Verantwortung übernehmen wollte, wenn ich es für mich selber noch nicht konnte. Tagelang streifte ich in der Einkaufspassage umher, fand aber den Mann mit den Hunden nicht mehr. In den zahlreichen Gesprächen waren nie Namen oder Adressen gefallen. Aber die Idee des weißen Hundes hatte sich in meinem Kopf festgesetzt, so als sei er ein weißes Blatt Papier, das mit meinem neuen Leben beschrieben werden sollte. Ich studierte Anzeigen von Hundezüchtern und fand nur einen, der jetzt sofort Welpen abzugeben hatte. Ich fuhr nach Melsungen. Ein alter Bauernhof, Geranien vor den Fenstern und Hundezwinger unter dem Schleppdach. Welpen, die aussahen wie kleine Eisbären. Es war nur noch eine Hündin darunter mit dem klangvollen Namen Foxi-Sarah von Schloss Felsberg. Die Sache war klar, bevor ich mir ihre Brüder anschaute. Ich bekam sie sogar etwas günstiger, da eine Kralle und ein Teil des Bauches nicht ganz schwarz pigmentiert waren. Foxi-Sarah fiel zu Zuchtzwecken aus. Dennoch bezahlte ich eine Summe für diesen Hund, die mir an anderer Stelle einen gebrauchten Kleinwagen beschert hätte. Es war mein letztes Geld. Bei Erdbeerkuchen mit Sahne kamen Züchter und Käuferin ihrer Pflicht des Kennenlernens nach, dann wechselten Geld, Zuchturkunde und Hund den Besitzer. Ich legte Foxi-Sarah in den Beifahrerfußraum meines Autos und fuhr los. Ich war unglaublich aufgeregt. Dauernd sah ich hinunter zu dem kleinen Hund. Ich sah nicht auf die Straßenkennzeichnung. Ich fuhr auf die Autobahn und merkte erst kurz vor Frankfurt, dass es in die falsche Richtung gegangen war. Der kleine Hund hatte sich mehrfach übergeben, und so machten wir unseren ersten Spaziergang auf einer Autobahnraststätte, bevor es den langen Weg heimging. Hier änderte ich auch den Namen. Loulou sollte sie heißen nach einem Werbespot für ein Parfum, in dem die Frau wunderschöne Haare hatte. Es war der Beginn einer fünfzehnjährigen Freundschaft.

Loulou begleitete mich in der Zeit meines Lebens, die den meisten Wandlungen unterlag. Sie wuchs auf in meinem Auto, weil ich monatelang der undankbaren Arbeit eines Kurierfahrers nachging. Als ich in die Altenpflege wechselte, wartete sie im Auto, wenn ich meine Patienten versorgte. Als ich in einer Bar arbeitete, wartete sie in der Wohnung, bis ich morgens sehr müde nach Hause kam, eine Runde mit ihr um den Teich ging und dann ins Bett fiel. Als ich auf meinen ersten Bauernhof ging, durfte sie nicht mit in mein Zimmer, sondern bekam einen Platz auf der Tenne. Sie heulte nächtelang, aber Hunde auf Bauernhöfen schlafen nicht mit am Bett. Dennoch gefiel ihr das Leben auf dem Land. Sie war den ganzen Tag mit mir auf den Feldern oder im Kuhstall unterwegs und entwickelte erstaunliche Hütequalitäten. Meine Aufgabe war es, die Kühe von der Weide zu holen. Ich schickte Loulou vor, und schon auf der Hälfte des Weges kamen mir die großen Tiere entgegengetrottet, der stolze Hunde hintendrein.

Musste ich den Acker grubbern oder Gülle fahren, lief sie Kilometer lang hinter der Maschine her, denn mit in der Schlepperkabine zu sitzen war ihr nicht geheuer. Irgendwann legte sie sich an den Ackerrand und wartete, bis wir nach Hause fuhren.

Auf dem Hühnerhof riss sie ein Huhn und bekam die schlimmste Tracht Prügel ihres Lebens. Wir hatten die Wahl zwischen Einsperren im Zwinger bis an das Ende der Ausbildung oder der Erkenntnis, dass Hühner absolut tabu sind. Ich entschied für uns beide das Letztere. Loulou schaute nie wieder ein Huhn an.

Vom Land ging es in die Kleinstadt und an die Uni. Hier wartete der tapfere Hund mit anderen tapferen Hunden vor den Vorlesungssälen. Zur Entschädigung streiften wir stundenlang durch Wälder und über Wiesen, wo wir Pipilotta trafen. Das Schaf hatte keinen Respekt vor dem Hund. Zwar half mir Loulou anfangs noch bei den Umtrieben, aber ihr weißes Fell führte die kleinen Lämmer eher in die Irre als voran, weil sie den Hund für die Mama hielten.

Am Berg stieß Sandy zu uns. Sie war ein Golden Retriever, gut erzogen, sehr verfressen und gerne mal alleine unterwegs. Sie wurde Opfer einer dramatischen Scheidung, und weil ich mit ihren beiden Menscheneltern befreundet war, nahm ich Sandy mit deren Einverständnis aus der Schusslinie. Die beiden Hundedamen bekriegten sich ein Wochenende bis aufs Blut, dann war die Rangfolge geklärt. Das Hundeparadies genossen sie fortan gemeinsam. Unbezäunte Liegeflächen auf grüner Wiese, schattige Bäume am Waldesrand und hin und wieder die Spur eines Fuchses, die in der Nase kitzelte. Für die Arbeit an den Schafen waren sie beide nicht mehr zu gebrauchen. Loulou wurde alt, und Sandy war ein weit in die Ferne geworfener Stock allemal lieber als ein Schafbein auf der Flucht. Ich fand das nicht tragisch, die Wiesen am Berg gingen alle ineinander über, weglaufen konnten die Schafe nicht. Und der Hafereimer respektive die Zwiebacktüte tat einen verlässlichen Dienst.

Interessanter wurde es erst wieder, als wir in der Stadt lebten und unsere Wiesen an vielbefahrenen und vielbegangenen Wegen lagen. Ich merkte schnell, dass die beste Zeit für einen Umtrieb der frühe Sonntagmorgen war. Kein Mensch mit Hund unterwegs, kein Fahrrad und kein Auto. Dennoch blieb ich immer zehn Minuten am Zaun stehen, um die Stimmung in der Herde aufzufangen. Lagen die Schafe noch gemächlich kauend im Gras, konnte es ein ebenso gemächlicher Lauf werden. Dann waren sie satt und spekulierten höchstens noch auf den Hafer. Standen sie alle schon startklar am Zaun, überlegte ich mir, nicht doch bis zum Nachmittag zu warten und Treibehilfe zu organisieren. Dann nämlich wollten sie frisches Gras, gerne junge Triebe von Kirschbäumen oder schlimmstenfalls in hohen Sprüngen ihre Lebenslust kundtun. Natürlich auf dem Acker, auf dem sich gerade der Mais hochkämpfte. Versuchte ich es doch alleine und trat genau das ein, was ich hatte kommen sehen, ging eine Flut von Beschimpfungen und Kommandos auf Hund und Schaf nieder, mit der weder der eine noch das andere etwas anfangen konnte. Der Hund verkroch sich winselnd zu meinen Füßen, das Schaf reagierte überhaupt nicht. In diesen Situationen konnte ich nur warten, bis sich die Herde ausgetobt hatte und sich bequemte, mir zu folgen. Für jemanden, in dessen Adern das Adrenalin rauscht, eine schwere Bürde.

Zu dieser Zeit war ich noch nicht so sehr in die Schäferszene integriert, als dass ich mir Gedanken um einen Hütehund gemacht hätte. Ich sah nur hin und wieder die bedauernswerten Border Collies, die an der Uni herumstromerten, Accessoires der landwirtschaftlichen Studentenschaft. Die Hunde hüteten Steine und Füße, weil sie keine Schafe hatten und die Natur sie den Unterschied nicht erkennen ließ. Ihr irrer Blick schreckte mich eher ab, als dass er meine Neugierde weckte. Der Blick, den ich für ihre Halter übrig hatte, war voller Abscheu.

Jahre später sah ich einen Schäfer mit seinen Hunden arbeiten. Es war beeindruckend. Die altdeutschen Hütehunde reagierten auf den kleinsten Laut, den der Mann von sich gab. In weiten Bögen strichen sie geduckt durch das Gras, um die versprengten Schafe wieder zusammenzutreiben. Das würde mir gefallen, dachte ich, nicht mehr selber rennen zu müssen. Aber ich fand den Umgang des Hundes mit den Schafen dennoch brutal. Das Zwicken in die Hinterbeine, das Aufschrecken der Schafe, die angstvoll voranstoben. Am schlimmsten fand ich, wenn der Hund ein kleines Lamm vorantrieb, das nur aufgrund seiner Körpergröße nicht schnell genug hinterherkam. Das wollte ich meinen Schafen nicht zumuten. Da strich ich lieber selbst durch das Gras.

Wanda strich auch einmal durch das Gras. Wanda ist mein größtes Schaf. Sie beschloss, in ihrem ersten Winter nicht tragend zu werden. Während in allen anderen die Lämmer wuchsen, fraß sie und kümmerte sich um sich selbst. Ich ärgerte mich ein wenig, kam aber bald darüber hinweg, da ich genug mit den werdenden Müttern zu tun hatte. Ich würde sehen, was das nächste Jahr brachte.

In einer stürmischen Winternacht fiel ein Rundballen von seinem Platz an der Spitze des Heuberges hinunter und auf den Elektrozaun. Die hochtragenden Schafe waren zu behäbig, um eine solche Chance zu nutzen. Anders Wanda, die sich in der Morgendämmerung auf den Weg machte, die Welt zu erkunden. Sie kam nicht weit. Etwa nach zweihundert Metern stieß sie an einen Zaun, hinter dem ein Hund wohnte. Der Hund lebte 22 Stunden des Tages in einem Zwinger, zwei Stunden durfte er zusammen mit Hühnern und Gänsen auf dem Grundstück umherlaufen. Andere Hunde kannte er nicht. Überhaupt kannte er keine anderen Tiere außer dem Federvieh. Er wusste nicht, wie er mit einem Schaf, das seinen Kopf durch den Zaun steckt, um zu sehen, was dahinter ist, umgehen sollte. Er biss zu. Geradewegs in Wandas rechtes Auge. Ich erfuhr davon, als mich die Polizei anrief, um mir mitzuteilen, dass meine Schafe ausgebrochen seien. Ich fuhr sofort los, stieß auf Wachtmeister und Schaf und sah das ganze Drama. Der Besitzer des Hundes hatte Alarm geschlagen. Angriff ist die beste Verteidigung. Ich konnte die Sachlage schnell erklären, und die Polizisten zogen beruhigt von dannen. Ich schaute beunruhigt auf das verletzte Auge und brachte Wanda nicht in den Stall, sondern zum Haus. Das sah nach einer längeren Behandlung aus. Ich quartierte das Schaf unter der Tanne ein, wo es trocken und windgeschützt war, und rief den Tierarzt an. Ich erwischte nur einen Helfershelfer, der mir riet, das Tier zu schlachten. «Wenn das einer sieht, gibt es nur Ärger» waren seine Worte. Wanda ging es bis auf das Loch am Auge gut, deshalb sah ich diese Notwendigkeit nicht. Und so lernte ich Ulrike kennen. Eine Freundin gab mir die Telefonnummer. «Sie ist eine sehr gute Tierhomöopathin. Sie wird dir helfen.»

Ich beschäftigte mich seit einigen Monaten mit dieser Art der medizinischen Therapie, hatte aber bei weitem noch zu wenig Wissen und Zuversicht, als dass ich alleine die Behandlung gewagt hätte. Ich beschrieb Ulrike – damals siezten wir uns noch – die Verletzung, und sie fand sofort die ersten Mittel. Belladonna und Euphrasia, Aconitum gegen den Schock. Ich verabreichte Globuli und Augentropfen. Erst stündlich, dann halbtäglich. Wanda lag unter der Tanne und ließ ihr Auge heilen. Nach ein paar Tagen löste sich die Linse, und das Auge wurde leicht milchig. Keine Verletzung mehr sichtbar, kein Fieber, gesunder Appetit. Ich brachte Wanda zurück in den Stall und war begeistert. Das Tier schien noch nicht einmal blind auf dem

Auge zu sein. Wanda hatte den Grundstein meines Vertrauens in die Homöopathie und einer langen Freundschaft zu Ulrike gelegt. Keine Frage, dass die beiden sich sehr mögen.

Wanda bekam im Jahr nach ihrer Hundebegegnung ihre ersten Lämmer, zwei stattliche Böcke. Neben Johanna gab sie die meiste Milch. Aber sie fraß auch das meiste Kraftfutter. Sehr schnell. Dann pflügte sie diagonal zu den anderen Futtereimern hinüber, um den anderen die letzten Körnchen Hafer und Zuckerrüben abspenstig zu machen. Das Resultat war ein wilder Haufen noch zu melkender Tiere, deren Euter ich nicht mehr erreichte. Alles Schimpfen half nicht. Ich lenkte ein. Ich verstand, dass das größte Schaf auch das meiste Kraftfutter brauchte. Wanda bekam fortan eine Handvoll mehr in ihren Eimer und gab Ruhe.

Zum Ende der Laktation entzündete sich eine ihrer Euterhälften; Euterentzündungen sind gefürchtet unter Milchviehhaltern. Sie haben mannigfaltige Gründe und genauso viele Erreger, weswegen sie nur schwer in den Griff zu bekommen sind. Ich verlor den Kampf um die Zitze und stand vor der Frage: schlachten oder nicht. Bei Kühen ist ein Euterviertel zu verschmerzen, bei Schafen gleich die Hälfte der Milchgewinnung dahin. Ich beschloss abzuwarten. Zum Glück, denn Wanda hatte im nächsten Jahr so viel Milch wie ihre vollständigen Kolleginnen. Nur bekam sie seit dieser Zeit Drillinge. Jedes Jahr. Jedes Jahr zwei Flaschenlämmer für mich. Ich war genervt und ratlos und bat Wanda zum Gespräch. Aber Wanda ist nicht nur mein größtes Schaf, sondern auch mein klügstes. Die Sache lag klar auf der Hand. Sie bekam mit ihrer einen Euterhälfte drei Lämmer, damit sie zwei abgeben konnte. Zwei, die nicht alleine waren und sich gegenseitig hatten. Im Tod oder mit mir als Mama. Manchmal sind die Dinge so einfach.

Vor drei Wochen hat Wanda nach vielen Jahren wieder zwei Lämmer bekommen. Zwei Böcke, auf die sie sehr stolz ist. Ich werde wohl einen behalten. Ulrike hat ihre Patenschaft angemeldet. Leon wird er heißen.

Mit fremden Hunden gerieten meine Schafe schon lange vor Wanda aneinander. Die meisten Begebenheiten blieben mir verborgen, manche bekam ich mit. Diese Situationen hatten einen weit weniger schönen Ausgang.

Es erwischte ein kleines Bocklamm, den ersten Sohn von Lara, Pipilottas Tochter. Die Batterie am Zaungerät hatte sich über Nacht entleert; etwas, was nicht passieren sollte, aber dennoch hin und wieder vorkommt. Leider finden Schafe schnell heraus, wenn kein Strom mehr auf dem Zaun ist. Das Lamm steckte justament in dem Augenblick den Kopf durch das Netz, in dem Spaziergänger mit kleinem Hund an der Wiese vorbeigingen. Die Halterin gab später an, das Tier sei an der Leine gewesen. Dessen ungeachtet schaffte es der Hund an den Zaun und an das Lamm. Ein Biss, und der kleine Kopf war perforiert. Ich bekam von alledem nichts mit, ich brütete über meinen Büchern. Die Schafe standen ein paar hundert Meter über mir am Berg, und ich schaffte es zu Prüfungszeiten nur einmal am Tag hinauf. So hätte ich am Nachmittag ein halbtotes Lamm mit einer unerklärlichen Wunde vorgefunden, denn die Spaziergänger wären weitergegangen, wenn nicht ein Anwohner den Vorfall beobachtet und eingegriffen hätte. Er war ein imposanter Mann, dem sofort und ohne Widerrede Name und Adresse ausgehändigt wurden. Ich wurde benachrichtigt und nahm das kleine Schaf entgegen.

Heute hätte ich es von seinen Leiden erlöst, sofort, ohne zu zögern. Die Wunde war entsetzlich. Damals fuhr ich zum

Tierarzt. Wundversorgung, Antibiotika, Kortison. Ich nahm das Tier mit nach Hause, denn am Euter der Mutter konnte es nicht mehr trinken. So quälten wir uns fast eine Woche. Natürlich entzündete sich das Ganze, natürlich wurde es immer schlimmer, und schlussendlich bekam der Bock beim Tierarzt die letzte Spritze. Aus reiner Wut, die im Grunde genommen auf meiner Unfähigkeit begründet war, gleich das Richtige zu tun, machte ich einen Versicherungsfall daraus. Dem Halter und dem Hund war das nicht zum ersten Mal passiert, weitere Angriffe auf Katzen und landwirtschaftliches Nutztier waren protokolliert. Es war mir unbegreiflich, wie der Hund zum wiederholten Male an sein Opfer gelangen konnte. Ich erinnerte mich an Loulou und die Hühner. An die derbe Tracht Prügel, die ein für alle Mal klargestellt hatte, dass Hühner keine Bälle sind.

Was dem Hundehalter nun drohte, verfolgte ich nicht. Mir wurden von der Versicherung 50 Euro überwiesen. Das war ihnen das Ding Lamm wert, denn vor deutschem Recht sind tierische Lebewesen immer noch eine Sache. Ich ließ das kleine tote Schaf, Pipilottas ersten Enkel, tränenüberströmt beim Tierarzt zurück.

An anderer Stelle sprang ein Hund geradewegs über den Zaun auf die Wiese und jagte die Schafe umher. Das Schaf als Fluchttier ist auf freie Wege angewiesen, um aus der Gefahrenzone zu gelangen. Aus einem Pferch können sie nicht heraus. Der Hund hatte seinen Spaß, der Besitzer war nicht da. Irgendwann sprang ein halbjähriger Bock in seiner Panik über den Zaun, der Hund hinterher. Der Bock rettete die Herde, aber nicht sich selbst. Er wurde wenig später von einem anderen Schafhalter gefunden. Der brauchte Stunden, um mich ausfindig zu machen. Als ich das Tier endlich bei ihm abholen konnte, war klar, dass nur eine Notschlachtung noch angebracht war. Die Vorderbeine gebrochen und zerbissen, die Ohren blutig, das Tier apathisch. Es war Sonntag, und ich wiederum brauchte Stunden, um einen Schlachter zu finden, der das Schaf und mich gleichermaßen erlösen konnte. Ich war so verstört, dass ich einen Schnaps von dem Mann bekam. Ich trank noch einen zweiten.

Es ist die verwundbarste Stelle eines modernen Schäfers, dass seine Tiere auf Wiesen stehen, die er nicht 24 Stunden des Tages überwacht. Es wurde mir damals klar, dass ich Vertrauen haben musste. Darauf, dass meine Mitmenschen, explizit andere Hundehalter, gesunden Menschenverstand und Verantwortungsbewusstsein zeigten.

Schaffte ich mir einen Hund an, war ich der Rudelführer. Ich sagte dem Hund, was richtig und falsch war. Ich entschied, wann er laufen durfte und wann er an meiner Seite zu warten hatte, denn ich hatte die Voraussicht. Wenn er mir folgte, dann lobte ich ihn. Wenn er etwas falsch machte, dann bestrafte ich ihn. Das Leittier eines Wolfsrudels kam auch nicht mit bittenden Worten und Hundekuchen daher. Welcher Wolf würde ihn ernst nehmen? Ich traf nicht viele Hundemenschen, die das genauso sahen wie ich.

Wenn ich heute Spaziergänger mit Hunden an meinen Zäunen sehe, gibt es keine freundlichen Bitten mehr. Es gibt nur noch klare Anweisungen und Platzverweise, egal, ob da ein Scotch Terrier oder eine Dogge steht. Ich bin mir bewusst, dass ich mir damit keine Freunde mache. Nicht selten bin ich über das Ziel hinausgeschossen. Aber das ist mir egal. Zu viele Geschichten sind passiert. Meine Schafe vertrauen darauf, dass ich sie beschütze, weil sie es in ihrem domestizierten Umfeld nur schwerlich selber tun können.

In voller Bandbreite ergoss sich mein Unmut über ein Pärchen mit Hund im vergangenen Frühsommer. Es war die Zeit der ersten Heuernte. Meiner ersten Heuernte, denn bislang hatte ich das Winterfutter zugekauft. Da ich mittlerweile genügend große und befahrbare Weiden hatte, konnte ich zu Zeiten des Futterüberschusses im Frühling und Sommer eigenes Heu mähen und pressen lassen; für mich eine erhebende und aufregende Angelegenheit. Das Gras lag, war gewendet worden und trocknete bereits den zweiten Tag. Ich fuhr mit dem Auto zu der Mutterlammherde. Die schweren Wasserkanister fuhr ich nur einzeln im Fahrradanhänger, jetzt wollte ich mehrere auf Vorrat an der Weide deponieren. Die untere Anfahrt zum Steilhang, an dem die jungen Schafe standen, führte erst über einen sehr holprigen Wirtschaftsweg, die letzten 50 Meter über eine benachbarte Brachfläche. Dort stand das Gras hoch, es durfte erst im September gemäht werden, um Wiesenbrüter zu schützen. Die Hinfahrt gelang einigermaßen, der Wagen war schwer genug, um auf den langen Stängeln nicht auszurutschen. Die Rückfahrt endete nach zwanzig Metern, als die Räder des nun leichteren Wagens auf dem Gras durchdrehten. Ich drehte auch durch. Es war heiß, zu Hause wartete eine Menge Arbeit, und der Retter in der Not, der mich aus der Misere befreien konnte, war noch nicht in Sicht. Wütend stapfte ich den steilen Hang hoch zum Weg. Wenn ich schon zu Fuß nach Hause musste, wollte ich wenigstens nach meinem Heu schauen. Ich war noch eine Gehminute von der Wiese entfernt, als ich dort gleich einer Fata Morgana etwas Großes im Heu liegen sah. Etwas Kleines flitzte ununterbrochen umher, dass die Heuhalme stoben. Ich beschleunigte meinen Schritt und rannte die letzten Meter. Ich wollte nicht glauben, was ich sah. Da lag ein junges Paar auf einer Decke leicht bekleidet in der Sonne. In meinem Heu. In dem Futter, das meine Schafe über den Winter bringen sollte. Die Frau warf einem grell kläffenden Jack-Russell-Terrier einen Ball, der sich begeistert nach dem roten Ding durch das Futter pflügte. Der Mann hatte eine brennende Zigarette im Mund und aschte gedankenverloren in das trockene Gras. Ich fing sofort an zu brüllen, angestrengt bemüht, nicht unflätig zu werden. Ich weiß aber noch, dass ich die eine oder andere Bemerkung über fehlendes Nach- und Mitdenken machte. Zeitgleich schaute ich panisch nach der glühenden Asche. Ich musste einen so furchteinflößenden Eindruck gemacht haben, dass Mann und Frau umgehend und eine vage Entschuldigung stammelnd auf den Weg stürzten. Sogar der Hund war ruhig.

So schnell ich mich aufgeregt hatte, so schnell beruhigte ich mich wieder. Ich musste sogar lachen, weil der Ärger über das festgefahrene Auto sich ebenfalls entladen hatte. Ich fragte mich, ob anderen Landwirten so etwas auch passierte. Ich wusste von Kindern, die auf Siloballen umherkletterten und die empfindliche Plane zerrissen. Stundenlange Arbeit in Sekunden vernichtet. Konnte man da noch ruhig bleiben?

Ich merkte, dass ich eine unterschwellige Arroganz gegenüber Hundehaltern und Spaziergängern entwickelte, die die Notwendigkeit meines Tun und Handelns auf den Weiden und bei den Schafen nicht durchschauten und respektierten. Ich blieb höflich und freundlich, dachte mir aber meinen Teil.

Hochmut kommt vor dem Fall. Denn es kam eine Zeit, in der ich mich der Position des Rudelführers als absolut unwürdig erwies.

Ich verliebte mich mit Haut und Haaren in einen weit jüngeren Schäfer. Es war für mich immer schwer gewesen, meinen Lebenspartnern die Position meiner Schafe in meinem Leben klarzumachen. Keiner von ihnen hatte sie jemals verstanden.

Jetzt war da jemand, der sich nicht nur mit der Materie aus-
kannte, sondern mit mir die Arbeit gemeinsam machen wollte. Er brachte eigene Schafe und einen Hütehund mit. Wir
schmiedeten Pläne, saßen zusammen auf der Weide und be-
trachteten unsere blökende Zukunft. Ich war das erste Mal in
meinem Leben dazu bereit, die Betreuung meiner Schafe in
andere Hände zu geben, um mich mehr meiner Seifenwerkstatt
zu widmen. Die ersten Wochen und Monate verliefen wie in
einem lange gehegten Traum. Rosarote Brillengläser. Wir fuhren gemeinsam zum Melken, aber auch das überlies ich immer
öfter ihm. Ich war froh und dankbar für die neugewonnene Zeit.
Manchmal stolperte ich über Erzählungen von ihm, dass der
Hütehund über die Stränge geschlagen hätte, aber ich ignorierte
diese Bemerkungen. Sie sollten die Illusion nicht zerstören.

Ich ignorierte auch, dass mir der Umgang mit meinen Schafen fehlte. Wann hatte ich das letzte Mal alleine auf der Weide
gesessen? Wann hatte ich die Ruhe genossen, die die Tiere mir
gaben? Wäre ich dann früher zur Besinnung gekommen?

Der Altersunterschied zwischen ihm und mir machte sich
bemerkbar. Er unsicher, ich ewig darum bemüht, ihm nicht
vorzugreifen, ihn zu bestärken. Irgendwann tat ich nichts anderes mehr. Ich sammelte kein Brot mehr, um die Schafe damit
zu überraschen, weil Leckerbissen die Tiere verhätschelten. Ich
nahm keines der Tiere mehr in den Arm und sog den Duft der
Wolle ein, weil das seine Arbeit mit den Tieren unterwanderte.
Irgendwann schlich ich mich heimlich auf die Wiese. Wanda
kam und sah mich an mit ihrem gesunden Auge. Ich sah keinen
Vorwurf, nur die Akzeptanz des Augenblicks. Warte auf mich,
dachte ich. Ich erkannte mich nicht wieder.

Aber ich sah auch, wie sehr es die Schafe genossen, frei und
nur in Begleitung des Schäfers und seines Hundes über Wiesen

und Felder zu laufen. Ich liebte dieses Bild, Versprechen einer wilden Natur und eines freien Lebens.

Ich liebte nicht, dass der Hütehund, getrieben von seinem jugendlichen Drang und dem unbedingten Wunsch, seinem Herrn zu gefallen, oft unkontrolliert über die Schafe herfiel. Dann dachte ich, haltet durch, es ist bald vorbei. Ich erschrak über meine eigenen Gedanken. Viel zu spät sah ich, dass Schäfer und Hund mein Leben, das Leben meiner Hunde und meiner Schafe dominierten. Wir gerieten vollkommen aus dem Gleichgewicht. Erst als meine Hunde wegliefen, dämmerte mir, dass etwas ganz und gar nicht stimmte. Es waren nicht mehr Loulou und Sandy, sie waren vor Jahren gestorben und neben dem Stall beerdigt. Es waren Nala, eine Labradorhündin, und Nelson, ein Ridgebackmischling, die die treue Nachfolge angetreten hatten. Sie hielten es nicht mehr aus, ihre Rudelführerin verloren zu sehen, und nutzten jede Gelegenheit, das Weite zu suchen. Noch niemals waren mir Hunde entlaufen. An die unangenehme Situation, als die Polizei zum zweiten Mal die Hunde aufgriff, erinnere ich mich nicht gerne. Ich bekam eine Standpauke zu hören, dass mir Hören und Sehen verging. Leinenzwang. Ich durfte die beiden nicht mehr am Fahrrad führen. Da wurde mir bewusst, wie sehr mein Leben mir entglitten war.

Es dauerte noch Wochen, bis die endgültige Trennung von dem Schäfer und seinem Hund vollzogen war. So sehr hatte ich ihn, hatte ich die Illusion eines gemeinsamen Lebens geliebt, dass ich mich selber dafür aufgegeben hatte. Mein Verstand wusste es schon lange, das Herz brauchte seine Zeit.

An einem kalten Frühlingsmorgen kam ich seit langer Zeit wieder alleine zur Weide. Ich betrachtete meine Tiere, wie sie friedlich vor sich hin grasten. Der Moment fühlte sich fremd an. Aber ich musste die Zäune umstecken, es war nicht mehr genug Futter da. Ich war nervös, als ich begann. Fleck stand schon am oberen Ende der Wiese am Zaun. Als ich mich umdrehte, um ein Schafnetz aufzunehmen, hörte ich das aufgeregte Rufen, und die ganze Bagage verschwand zwischen den Sauerkirschbäumen. Ich griff den Hafereimer und rannte los. Ich rief, ich brüllte, ich klapperte mit dem Eimerhenkel. Schreiende Ignoranz. Mit hängenden Armen stand ich zwischen meinen Tieren und dachte: Das geschieht dir recht.

Wir haben dich nicht bestraft. Wir waren unsicher, weil du nicht da warst. Du hast uns jemandem überlassen, der uns nicht gesehen hat. Das hat uns verunsichert. Und als du wiederkamst, wussten wir nicht, ob du bleibst oder wieder gehst. Da haben wir uns auf uns selber verlassen. Unser Vertrauen musstest du dir erst wieder verdienen. Der Hund war nicht schlimm. Er war unangenehm, aber jetzt ist er wieder weg. Ein Hund ist auch ein Schutz für uns. Wir respektieren, dass er seine Arbeit macht. Und der nächste ist dein Hund. Dann fühlen wir uns sicher.

Nach einer Weile kamen sie, im Grunde genommen nur weil in der Ferne Radfahrer heranrollten. Ich schloss den Zaun und setzte mich zu ihnen auf die Wiese. Fast eine Stunde saß ich da und spürte, wie das Glück des Wiederfindens in mich zurückströmte. Dann kam Clara, als nächste Fips. Rosa Nasen stießen an meine Hände auf der Suche nach einem Krümel Zwieback. Wanda blökte laut und vernehmlich. Es dauerte noch eine Weile, bis wir wieder wie in alten Zeiten zusammenarbeiteten.

Auch die Hunde brauchten einige Wochen, bis sie mich wieder als Rudelführerin anerkannten.

Ich habe sehr lange nachgedacht über diese Zeit. Ich hege keinen Groll. Ich bin dankbar, dass sie genau so geschehen ist, denn so konnte ich sehen, was zu mir gehört, was mein Leben ist. So sehr mir auch das Herz schwer war nach dieser Beziehung, ich entstieg ihr wie Phönix aus der Asche. Ich hatte Selbstvertrauen gewonnen. In mich und in meine Fähigkeiten. Das Empfinden mit und für meine Tiere wurde so klar wie noch nie.

Zum Wiedereinstieg in mein Leben vergrößerte ich meinen Schafstall, indem ich ein Schleppdach und drei Wände an den Wagen setzte. Ich machte alles selbst, das war mir wichtig, nur für das Zusägen der dicken Pfosten holte ich mir Motorsägenhilfe. Ich baute stabil und schön. Ich verarbeitete Lillis altes Gitterbett zu Heuraufen. Ich schraubte aus Paletten, die ich geschenkt bekam, Ablammbuchten in den Wagen. Ich entwarf Holztüren, die mich an Ställe in alten Bauernhäusern erinnerten. Und aus der gelben LKW-Plane, die überlang am Stallwagen gehangen hatte, machte ich das Dach. Es war nicht perfekt, aber meiner Hände Arbeit. Ich war sehr stolz.

Neulich fuhr ich wieder bei dem alten Schäfer mit den Altdeutschen Hütehunden vorbei. Er erzählte, dass er dieses Jahr noch einen Wurf Welpen haben würde. Ich überlegte nicht lange. Ich wusste, dass meine Schafe gerne spazieren gingen. Dass sie mehr von der Welt sehen wollten. Ich sagte die Abnahme eines der Welpen zu. Als ich ihn darum bat, mich mit dem Hund einzuarbeiten, sagte er nur: «Wieso, du hast doch eine ganz andere Art als ich. Du machst das schon.» Es war wie ein Ritterschlag für mich.

JANUAR: NERO
ODER EIN FREUND IN DER NOT

Seit ich Schafe halte, habe ich mir abgewöhnt, pünktlich sein zu wollen. Schafe kennen keine Uhrzeit, sie nehmen keine Rücksicht auf Termine, Verabredungen und Familienfeiern. Wenn meine Schafe beschließen, einen Spaziergang zu machen, ist es ihnen egal, ob es zwölf Uhr mittags oder zwölf Uhr nachts ist. Es ist ihnen egal, ob ich gerade viel in der Werkstatt zu tun habe oder mein Kind eine seiner Trotzphasen auslebt. Besonders dann, wenn ich mal schnell bei ihnen vorbeischaue oder mal schnell einen Zaun stecken will, nutzen sie die Gelegenheit, um mich wieder in das Hier und Jetzt zu holen.

Es war ein Tag in einem milden Januar, als ich einen wichtigen Termin in Eschwege hatte. Es war geplant, eine regional eigene Biomarke zu entwickeln, und die Wirtschaftsförderungsgesellschaft hatte Betriebe aus der Region zu einem ersten Treffen geladen. Es war einer der seltenen Termine, zu denen ich mich fein angezogen hatte. Ich freue mich immer auf diese Gelegenheiten, da ich meistens ganztägig in weidegeeigneten Hosen und Pullovern herumlaufe.

Die Autostrecke führte an der Wiese vorbei, auf der die hochtragenden Schafe die ersten Spitzen des neuen Grases zupften, und ich hielt kurz an, um nach dem Rechten zu sehen. Schon auf den ersten Blick sah ich in der hintersten Ecke ein Schaf liegen. Alle anderen schritten im ruhigen Fressgang über das Grün. Ich näherte mich langsam und erkannte Emma. Emma war fast noch ein Lamm, geboren im letzten Jahr, sehr feingliedrig mit großen, lang bewimperten Augen. Mein hübschestes Schaf. Ich redete beruhigend auf sie ein, um ihr keine Angst zu machen. Ich traute meinen Augen nicht. Emma lag in der Geburt. Ich rechnete zurück, und mir fiel es wie Schuppen von den Augen. Ich hatte im letzten Sommer einen neuen Bock gekauft. Ein schwarzes und sehr dominantes Tier, vier Jahre alt, das leider in kürzester Zeit eine bedrohliche Aggressivität entwickelt hatte. Milchschafböcke neigen dazu, man sagt, es liege an dem engen Kontakt, den ein Milchtierhalter zu seinen Tieren hat. Männliche Herdenbewacher unterscheiden im ungünstigsten Falle nicht zwischen Ernährer und Feind. Je öfter ich auf der Weide erschien, desto heftiger griff der Bock mich an. Er riss jedes Seil durch, mit dem ich ihn festzubinden versuchte. Jeder Versuch, ihn zu unterwerfen, misslang. Ich weiß nicht, wie oft ich ihn auf den Rücken schmiss. Immer stand er auf und nahm wieder Anlauf, um mir seinen gesenkten Kopf in die Beine zu rammen. Als er einmal fast Lilli umrannte, sah ich keinen Ausweg mehr. Ich rief Hilfe und ließ das Tier notschlachten. Wunderbar, dachte ich, viel Geld, und nicht einmal hatte er gedeckt. Ein Irrtum, wie ich an diesem Morgen im Januar feststellte. Ausgerechnet die kleine Emma hatte es ihm angetan, die jetzt seinen einzigen Nachkommen auf die Welt bringen musste. Ich sah, dass das Schaf absolut überfordert war. Mein erster und heftiger Widerstand gegen das, was jetzt kommen musste, legte sich sofort. Seufzend zog ich die gute Jacke aus und krempelte die weißen Hemdsärmel hoch. Ich kniete mich in das feuchte Gras und half Emma, ihren Sohn zu gebären. Entgegen meiner Befürchtung nahm sie ihn an und begann sogleich, das kleine Lamm sauber zu lecken. Er war sehr klein, kaum größer als meine beiden Hände. Nur die Ohren standen wie kleine Segel von seinem noch nassen Kopf ab. Ich blieb so lange, bis er die erste Beastmilch getrunken hatte. Dann entschied ich, die beiden vorerst alleine zu lassen und meinen Termin noch wahrzunehmen. Ich würde später Kraftfutter und homöopathische Erstversorgung bringen. Ich wusch mir die Hände am Wassertrog, klopfte die Hose ab und stieg in das Auto. Seit Lilli auf der Welt war, hatte ich immer eine Packung dieser gut duftenden Feuchttücher im Handschuhfach, mit denen ich mich jetzt vorzeigbar wischte. So manche Peinlichkeit hatte ich damit schon entfernt. Ich fuhr weiter und kam nur geringfügig zu spät.

Nero, wie ich den kleinen Kerl unbewusst nannte, gedieh prächtig. Emma bekam täglich eine große Portion Kraftfutter, da sie neben der Aufzucht ihres Sohnes im Grunde genommen selber noch aufgezogen werden musste. Ich wollte nicht, dass sie ihre Gesundheit einbüßte. Schon ihre Mutter war ein gutes Milchschaf, und Emma sollte in ihre Fußstapfen treten. Der Plan ging auf.

Ich überlegte, was mit Nero passieren sollte. Ich mochte den kleinen Kerl. Dass mir sein Name so früh eingefallen war, nahm ich als Zeichen und entschied, ihn zu behalten. Sein Vater war guter Abstammung, und Emmas sanftere Gene ließen mich hoffen, dass Nero umgänglicher würde als er. Wenn alles gut lief, könnte der neue Stammhalter bereits diesen Winter seine ersten Nachkommen zeugen.

Konnte ich diesen Vorfall gut alleine lösen, brauchte ich für etliche andere Begebenheiten Hilfe. Es war mir oft unangenehm, mögliche Helfer auf die Weide zu rufen, aber ich stellte schnell fest, dass es diesen häufig eine willkommene Abwechslung zu ihrem Büroalltag war.

Sebastian hatte ich in einem Sportstudio kennengelernt. Die Angewohnheit, meine Fitness in klimatisierten Räumen auf feststehenden Fahrrädern zu steigern, hatte ich aus der Großstadt mitgebracht. Sie legte sich innerhalb weniger Jahre, brachte mir aber etliche Freund- und Bekanntschaften ein. Ich saß auf dem Ergometer und las Harry Potter, als Sebastian mich in ein Gespräch verwickelte. Wir hatten denselben Humor und Männergeschmack. Er besuchte mein Leben mit den Schafen, ich ließ mich alle paar Wochen von der Weide in eine Bar geleiten. Auszeiten für beide von uns.

Er hatte sich für den Nachmittag zum Besuch angemeldet und erschien in voller Bürotracht. Anzug von Armani, Schuhe von Gucci. Ich hatte am Morgen beschlossen, ihn mit auf einen Umtrieb zu nehmen. Ohne mit der Wimper zu zucken, zog Sebastian meine gelben Gummistiefel an und stieg ins Auto. Ich grinste und stieg hinterher. Die Schafe waren genauso übermütig und standen schon am Weidetor. Ich disponierte kurzerhand um und drückte Sebastian den Hafereimer in die Hand. Er sollte vorangehen, ich würde die sich versprengende Schar wieder zusammentreiben. Ich wies ihn an, sich in etwa 20 Meter Entfernung hinzustellen und mit dem Eimer zu klappern. Die neue Wiese lag am Ende des Weges, gut einen halben Kilometer entfernt. Da es nur geradeaus ging, machte ich mir keine Sorgen.

Sebastian stand, und ich öffnete das Tor. Dreißig Schafe verfielen sofort in gestreckten Galopp und stürzten auf den Mann in den gelben Gummistiefeln zu, der den Hafereimer hielt. Sebastian schrie, drehte sich um und rannte los. Ich bekam vor Lachen kaum Luft. So fasziniert waren die Tiere von dem gelben Blitz, dass keines aus der Reihe brach und ich gemächlich hinterherschlendern konnte. Von weitem sah ich, wie Läufer und Herde auf der neuen Wiese ankamen. Sebastian warf den Eimer von sich, umrundete die Schafe und stolperte wieder auf den Weg. Ich schloss nur noch das Tor. Er war geringfügig böse, musste aber auch bald lachen. Ich konnte ihm glaubhaft erklären, dass die Vitalität meiner Schafe sich häufig auf ungewöhnliche Weise zeigte, und dankte ihm aufrichtig.

Nach Lillis Geburt haben wir uns aus den Augen verloren. Es ist nicht schlimm, Freunde gehen auch andere Wege, aber an Sebastian und diesen einen Umtrieb erinnere ich immer wieder gerne.

Nero hatte ich das erste Dreivierteljahr bei seiner Mutter gelassen. Er war so klein gewesen bei seiner Geburt, dass ich dachte, der lange Kontakt würde ihm guttun. Erst im August siedelte er in die Bockherde über. Er nahm es mit Gelassenheit. Da er recht kleinrahmig geblieben war, hatte ich im Sommer Paul gefunden und gekauft. Der große weiße Bock sollte die älteren Schafe decken, Nero die Erstgebärenden, die über kleine Lämmer bestimmt dankbar wären. Emma war aufgrund der Sonderbehandlung so groß wie ihre Kolleginnen geworden. Ich wollte sie im nächsten Jahr das erste Mal melken.

Der Plan ging auf, alle Geburten des darauffolgenden Jahres verliefen problemlos. Ich stellte fest, dass Nero nicht nur kleine Lämmer, sondern auch Einlinge, einzelne Lämmer, zeugte. Die beste Kombination für Erstgebärende. Ich sah in Paul und Nero ein wunderbares Team.

Die Melksaison begann. Die ersten zwei Monate fahre ich zweimal am Tag zu den zu melkenden Schafen, da sie in dieser Zeit die meiste Milch geben. Ab August gehe ich dazu über, nur noch morgens zu melken. Mit Lilli zum Melken zu fahren, erwies sich, sobald sie aus dem Kinderwagenalter heraus war, als schwierig. Sie langweilte sich, und ich konnte ihr nicht begreiflich machen, dass das Melkgatter kein Klettergerüst war. Irgendwann fing sie an zu nölen, schlussendlich zu weinen, was mich in kürzester Zeit fahrig machte. Das Melken bedurfte der Ruhe, damit die Schafe mit dem Gatter und meiner Arbeit keine negativen Empfindungen verbanden. Morgens konnte ich melken, wenn Lilli im Kindergarten war. Ich beschloss, es am Abend zu versuchen, wenn Lilli im Bett lag und schlief. Denn so aufgeweckt sie am Tage war, so schnell fiel sie abends in einen tiefen und anhaltenden Schlaf. Ich positionierte ein selbstarrangiertes Babyphon an ihrem Bett. Kein Mucks tat sich aus Lillis Zimmer, während ich in aller Ruhe meine Schafe molk. Wir atmeten alle auf.

Natürlich war auch ich manchmal abends müde und erledigte das Melken dann wie in Trance. Ein denkbar ungünstiger Zeitraum, um zusätzliche Arbeiten zu erledigen. Aber am Morgen war mir aufgefallen, dass Emma humpelte. Ich hatte die Klauenschere mitgenommen, um eventuelle Fehlstände an Emmas Fuß zu korrigieren. Ich war wirklich sehr müde, setzte das Schaf nach dem Melken aber trotzdem auf seinen Hintern, um die Klauen zu begutachten. Bald hatte ich die Stelle gefunden und fing an zu schneiden. Fußpflege ist für viele Schafe etwas sehr Unangenehmes, ich denke, vergleichbar mit einer Wurzelbehandlung beim Zahnarzt. Emma fing an zu zappeln und sich aus dem Klammergriff zu winden. Ich hielt sie fest zwischen meine Beine geklemmt, sah aber nicht, dass ihr Kopf auf Höhe mit dem meinem war. Auf einmal ein ungeheurer Schlag gegen den Kiefer, so dass mir kurz schwarz vor Augen wurde. Ich wankte, hielt aber trotzdem das Schaf. Ich dachte, ich muss die anderen drei Klauen noch schneiden, sonst läuft Emma schief. Erst als ich sie entließ und mich wieder aufrichtete, merkte ich, dass meine beiden Zahnreihen nicht mehr aufeinanderlagen. Mir war schwindelig. Aus meinen Rettungsdienstzeiten wusste ich: Das war nicht gut. Es führte kein Weg daran vorbei, ich musste ins Krankenhaus. Lilli konnte ich so lange nicht alleine lassen. Es war neun Uhr abends. Wen jetzt anrufen? Die erste, die mir in meinem dumpfen Kopf einfiel, war Janneke. Sie studierte ebenfalls ökologische Landwirtschaft, wir hatten uns irgendwo zwischen Vorlesungsälen, Mensa und Hundespaziergang kennengelernt. Janneke war einige Male schon zur Betreuung von Lilli bei mir gewesen, bei ihr wusste ich mein Kind in guten Händen. Sie ging sofort an ihr Telefon und setzte sich kurz darauf auf ihr Fahrrad. Ich wartete nicht auf sie, sondern fuhr mit dem Auto im Schneckentempo ein paar Straßen weiter zum Krankenhaus. Beim Pförtner quetschte ich mein Anliegen durch die schiefen Zähne und setzte mich in die Notaufnahme. Erfahrungsgemäß dauerte die Wartezeit am längsten. Irgendwann kam der Arzt, warf einen Blick auf mein Gesicht, schob und drückte und erklärte mir, dass das ein Fall für den Kieferorthopäden sei. Ich könne nach Hause gehen. Ich war irritiert, die ganze Untersuchung hatte nicht einmal fünf Minuten gedauert. Ich fuhr nach Hause, ich war müde, ich wollte Janneke nicht länger als nötig aufhalten. Sie erwartete mich besorgt, wollte länger bleiben, und als ich sie heimschickte, bot sie vorsorglich ihre Hilfe für den nächsten Tag an.

Die brauchte ich dann auch. Wie erwartet hatte ich höllische Kopfschmerzen, die Kiefer hatten sich aber glücklicherweise von selbst gerichtet. Alles saß wieder am richtigen Platz. Dafür war mir speiübel. Janneke kam, und zusammen fuhren wir zum Melken. Ich hatte es immer versäumt, jemanden für den Notfall einzuarbeiten. Beziehungsweise ich war davon ausgegangen, dass es einen Notfall nicht geben würde. Nun musste ich eben mit, um die Schafe zu rufen und Janneke zu instruieren. Ich setzte mich an das Melkgatter in das Gras, rief und instruierte. Es dauerte natürlich, weil die Schafe Janneke nicht kannten und Janneke das Melken nicht mehr so kannte, aber alleine hätte ich es überhaupt nicht geschafft. Ich war ihr sehr dankbar.

Am Nachmittag machte ich den obligatorischen Hausarztbesuch, der mir nur bestätigte, was ich schon ahnte. Gehirnerschütterung. Zwei Wochen Bettruhe. Ich ging mit mir selber einen Kompromiss ein: zum Melken würde ich fahren, den Rest des Tages im Bett liegen und hoffen, dass keine bleibenden Schäden entstünden. Anfänglich war ich noch angestrengt darum bemüht, mich nicht auf die Hintern der Schafe zu übergeben, aber nach ein paar Tagen ließ die Übelkeit nach. Nach zehn Tagen war ich wieder beschwerdefrei. Erst Jahre später stellte sich bei einer zahnärztlichen Untersuchung heraus, dass Emma mir das Kiefergelenk angebrochen hatte. Aber schon während ich damals meine Zeit im Bett absaß, überlegte ich, ob Nero wirklich den besten Genpool erhalten hatte.

Denn er wurde zunehmend aggressiver. Als das Frühjahr kam, begannen Paul und er, die ich beide in der großen Herde gelassen hatte, um ihre Frauen zu kämpfen. Von einer Stunde zur nächsten so derbe, dass ich sie sofort auf eine andere Wiese bringen musste. Kaum allein, verstanden sich die beiden wieder prächtig. Allerdings nahm Nero von da an mich zum Ziel seiner unbeherrschten Kraft, und ich fühlte mich unangenehm an seinen Vater erinnert. Noch konnte ich ihn in seine Schranken weisen, aber die Situation würde sich nicht bessern. Schweren Herzens entschloss ich mich erst dazu, ihn nicht wieder decken zu lassen. Dann, ihn gegen Ende des Jahres mit den jüngeren Böcken zu schlachten. Die Entscheidung tat mir weh.

Aber erst war es an der Zeit, die große Herde der Schafmamas und Schafkinder auseinanderzusortieren. Die Melkschafe würden ihre Sommerarbeit aufnehmen müssen. Die Nicht-Melkschafe würden sich weiterhin um die Lämmer kümmern, und die kleinen Böcke würde ich nach und nach zu Paul und Nero stellen. Nicht nur für mich war das eine anstrengende Arbeit. Auch die Herdenordnung musste sich neu ausrichten. War das neue Leittier, dem alle anderen folgen würden, noch nicht gefunden, wurde jeder Umtrieb zum Glücksspiel. Wahrscheinlich wagte ich es deswegen immer wieder, wenn hinter dem Schafnetz noch das Chaos tobte.

Es war ein lauer Frühlingsabend. Die Kirschbäume standen in voller Blüte, das Gras aber noch sehr kurz. Das hieß für mich, öfter umzäunen, um alle Schafe satt werden zu lassen. An diesem Abend sollte es nicht nur auf eine andere Wiese, sondern auch hinunter in die Aue gehen. Ich hätte diesen Weg gerne ein paar Wochen später gemacht, aber hier oben am Stall war alles abgefressen. Ich vertraute auf mein Können und meine innige Verbindung zu den Muttertieren und zog los. Wir kamen genau bis zur ersten Kirschplantage. Erst bogen die hinterherzockelnden Lämmer ab, dann, als diese auf mein Rufen und Schreien nicht reagierten, auch die Alten. Bald vergnügte sich die ganze Truppe in wilden Sprüngen zwischen den Bäumen. Ich begann zu rennen, rauf und runter, wie ein guter Hütehund das auch machte. Ich war allerdings zu langsam und zu wenig beeindruckend. Hatte ich ein Drittel am Weg und holte das nächste, stürmte das mittlere Drittel los, um das erste wieder in die Blütenpracht zu entführen. Es musste furchtbar komisch aussehen, mir war nur noch zum Heulen. Es wurde langsam dunkel, und dann würde sich rein gar nichts mehr bewegen. Ich griff mein Telefon und sondierte das Adressbuch. Viele blieben nicht übrig, die ich um diese Uhrzeit noch anrufen konnte. In der Tat nahm keiner mehr meinen Anruf entgegen, und meine Verzweiflung stieg. Da fiel mein Blick auf Andis Nummer. Andi war Triathlet, wir kannten uns vom Schwimmen und Mountainbikefahren. Andi war gerade ungebunden und kinderlos, perfekte Voraussetzungen, um um halb zehn Uhr abends mit mir meine Schafe einzufangen. Und Andi kam. In Laufschuhen und mit Stirnlampe. Perfekt. Es dauerte keine 15 Minuten, da waren alle Schafe und Lämmer wieder in der Spur und trödelten erschöpft und entspannt meinem Hafereimer hinterher. Es war nicht das erste Mal, dass mir in solchen Momenten die Idee einer gigantischen Grillparty auf dem Witzenhäuser Marktplatz kam. Es wurde noch mal haarig, als wir an der – zum Glück – fest eingezäunten Wiese von Nero und Paul vorbeikamen und Schafdamen mit Böcken und Schafpapas mit Lämmern zusammen sein wollten, aber Andi kannte keine Gnade und scheuchte die Truppe bis zur frischen Weide. So, wie er aussah, hatte ihm das Ganze Spaß gemacht. Ich entspannte mich und konnte nun auch den ansonsten sehr schönen Abend genießen. Und Andi ist fester Bestandteil meiner Notruftelefonliste geworden.

Derjenige aber, der mir seit Beginn meiner Zeit als Schafhalterin am meisten hilft, war und ist unbestritten Uwe. Als wir uns kennenlernten, war er Doktorand im Fachgebiet Tierernährung und ich im dritten Semester. Wie verstanden uns auf Anhieb und entdeckten unsere gemeinsame Leidenschaft für Kinoblockbuster und Grillorgien. Und bevor Uwe zum weit reisenden Propheten der Agrartechnik wurde, hatte er viel Zeit, um mich und meine Schafe aus den unangenehmsten Situationen zu befreien.

Es war ein sonniger Nachmittag, kurz nach drei Uhr. Es sollte ein schneller Umtrieb werden, der Weg war der gleiche, den ich damals mit Sebastian gegangen war. Um vier musste ich Lilli aus dem Kindergarten abholen, schätzte die Zeit aber als ausreichend ein. Wenn ich 25 Minuten bräuchte, um die neuen Zäune zu stecken, und ich und die Schafe in 15 Minuten von der einen auf die andere Wiese rennen würden, hätte ich noch zehn Minuten, um durch die Stadt zu Lilli zu fahren. Ich beeilte mich. Die Netze flogen nur so an die richtigen Stellen, und bald hatte ich drei Minuten für den eigentlichen Umtrieb aufgeholt.

Ich hatte die Rechnung ohne den Fahrradweg gemacht. Er war die kürzeste Verbindung zwischen Uni und Nachbardorf und bei schönem Wetter hoch frequentiert von radelnden Studenten mit Hund. Und genau so ein Student wurde mir zum Verhängnis. Ich hatte ihn wohl gesehen, wie er gemächlich an mir vorbeigerollt war, nicht aber seinen Hund, der erst Minuten später folgte. Ich hatte zwischen Herrn und Hund das Gatter geöffnet und war mit meinen Schafen losgegangen. Da ich aufgrund der gewonnenen Minuten sehr entspannt war, waren es auch die Schafe und folgten mir vorbildlich. Bis der Hund heranstürzte. Er hatte seinen Studenten aus den Augen verloren und war dementsprechend schnell. Und statt außen um die Herde herumzulaufen, wie andere Hunde es taten, preschte er mittendurch. Die Schafe stoben vor Schreck in alle Himmelsrichtungen, und mein minutiöser Plan zerbrach in Sekunden. Erst schrie ich den Hund an, dann den Studenten. Der fuhr weiter, nicht auf die Idee kommend, mir beim Einsammeln der Tiere zu helfen. Vielleicht hatte ich ihn aber auch dahin geschrien, wo der Pfeffer wächst. Ich weiß es nicht mehr.

Ein Blick erst auf die Schafsituation, dann auf die Uhr sagte mir, dass ich die Tiere da, wo sie jetzt standen, stehen lassen musste. Ein Drittel auf einer Brachfläche, ein Drittel in einer nicht mehr bewirtschafteten Kirschplantage und ein Drittel auf dem Acker. Der Kindergarten schloss in sieben Minuten. Noch während ich zu meinem Auto lief, suchte ich in meinem Telefon die Nummer von Uwe. Uwe ging sofort ran, hörte sich meine aufgeregte Geschichte an und fuhr gleich los. Die Situation wurde etwas surreal, als wir uns in unseren Autos auf halbem Weg auf der Werrabrücke begegneten, er auf dem Weg zu meinen Schafen, ich zu meinem Kind. 15 Minuten später war ich wieder in der Aue und sah begeistert, dass Uwe mit seinem Hund die Schafe zurück auf die alte Weide getrieben hatte. Von hier aus konnten wir erneut starten. Aber da kein Kind mehr auf seine Mutter wartete und kein Schaf sich mehr an fremdem Grün gütlich tat, verschnauften wir erst einmal. Der Umtrieb war nur noch Formsache.

Eine Geschichte von vielen, bei der ich Uwe zu Hilfe rief. Er kam zu jeder Tages- und Nachtzeit, wenn es seine Arbeit zuließ. Wenn ich ihn heute anrufe, kann es sein, dass ich ihn in Argentinien oder Finnland erwische. Auch Schafhelfer machen Karriere. Aber wenn es klappt, dann freue ich mich immer sehr. Und ich hoffe, dass Uwe sich auch freut.

Der Sommer war vorüber und die Deckzeit begann. Mein Entschluss, nur noch Paul einzusetzen, stand fest. Ich fuhr am Mittag zur Bockweide und rief die Tiere herbei. Die Böcke dieses Jahres waren mir sehr ans Herz gewachsen, wohl weil sie die ersten nach meiner Schäferliebe waren. Treu und ergeben waren sie mir jeden Weg gefolgt, viel weniger aufmüpfig als ihre Mütter und Schwestern. Ich packte Paul an seinem Halsband und zog ihn durch das Tor. Nero folgte uns wie selbstverständlich. Als sich das Tor vor ihm schloss, schaute er mich fassungslos an. Es tut mir leid, Nero, dachte ich. Ich fuhr mit Paul los, und Nero lief, so weit er konnte, neben uns her. Als der Zaun ihn stoppte, sah er uns lange nach. Das Bild im Rückspiegel trieb mir die Tränen in die Augen.

Von nun an brach sich seine Aggressivität immer stärker Bahn. Brachte ich den Böcken Wasser und ab und an trockenes Brot, musste ich Nero schon durch das Tor am Halsband fassen, damit ich ihn an meiner Seite halten und er mich nicht angreifen konnte. Es war, als würde er meine Entscheidung und mein Handeln herausfordern. Aber ich schaffte es nicht, unserer angespannten Beziehung ein Ende zu setzen. Ich mochte ihn, immer noch. Ich versuchte sogar, ihn in eine andere Herde als Deckbock zu verkaufen. Aber er hatte ein schwarzes Fell, das sich immer dominant vererbte und den Verkauf der Wolle fast unmöglich machte. Ich setzte mir selber das Ultimatum, Nero nicht mit in das neue Jahr zu nehmen.

Ich stellte ihn und die kleinen Böcke auf eine kleine, fest eingezäunte Wiese weit hinten am Wald. Dort stand noch etwas grünes Gras. Ich fuhr jeden Tag mit den Hunden dort vorbei und schaute nach dem Rechten. Wenn ich wieder wegfuhr, traktierte Nero die Zaunpfosten, dass es nur so krachte. Ich befestigte die alten Pfähle mit neuen Pfählen und hoffte, dass alles hielt.

Es war nun schon Dezember, das Weihnachtsseifengeschäft in vollem Gange. Meine Schlafzeiten verkürzten sich dramatisch, da ich bis spät in die Nacht arbeitete. Ich hatte in meinem Telefon verschiedenste Weckzeiten gespeichert, um ja pünktlich aufzustehen, denn wenn, dann schlief ich wie ein Stein. Als das Telefon zu schrillen begann, dachte ich, was für ein seltsamer Klingelton! Ein paar Minuten kannst du noch … und drückte den Apparat unter die Decke. Als es «Hallo, hallo!» von meiner Brust tönte, war ich in Sekundenschnelle wach. Ich drückte das

Telefon an mein Ohr und meldete mich. 1 Uhr und 49 Minuten. Die Polizeistation Witzenhausen meldete sich. Man habe schon alle Schafhalter angerufen – wunderbar! –, und ich besitze doch schwarze Schafe. Ich bejahte. Da sei ein schwarzes Schaf in der Stadt, ob ich bitte hinfahren und feststellen könnte, ob es meines sei. Mein erster Gedanke ging zu Fleck, die war aber grau. Ich fragte nach der Ohrmarkennummer. Daraufhin fragte der Herr am Telefon die Wachtmeister vor Ort nach der Ohrmarkennummer. Über Funk kam: Keine Chance, da kommen wir nicht ran! Da ich eh wach war, schaute ich kurz nach Lilli und fuhr los. Der Polizist hatte mir eine Stelle an der alten Stadtmauer beschrieben, an einem Parkplatz gelegen. Ich war schnell da, und wäre ich nicht so aufgeregt und besorgt gewesen, hätte ich ob des Anblicks, der sich mir bot, lächelnd innegehalten. Vor der in sanftem Licht angestrahlten Stadtmauer stand Nero. Hoch erhobenen Hauptes. In sicherer Entfernung in Abwehrhaltung ein junger Polizist. Sein Kollege saß im Auto und bestrahlte die Szenerie mit Fernlicht. Ein geradezu monumentaler Anblick. Ich dachte, er ist bestimmt fünf Kilometer gelaufen, um hierherzukommen. Ich stieg aus und öffnete die Heckklappe des Caddys. Als ich seinen Namen rief, blökte Nero und lief sofort zu mir, den Hafereimer brauchte ich nicht. Mit einem Satz verschwand er im Auto. «Das glaube ich jetzt nicht», sagte der Polizist. Ich grinste entschuldigend und fuhr los Richtung Weide. Als wir von der Hauptstraße abbogen und auf die Feldwege kamen, lächelte ich richtig. Ich freute mich für Nero, der den weitesten und spektakulärsten Spaziergang meiner Schafhalterlaufbahn gemacht hatte. Ich sah nicht, was alles hätte passieren können, sondern nur den stolzen Bock vor der mittelalterlichen Stadtmauer. Ich glaube, dieser Spaziergang hatte ihm gutgetan. Nicht mehr ganz so begeistert war ich, als ich im

Stockdunkeln an der Weide ankam und im Licht meiner Scheinwerfer sehen konnte, dass Nero das gesamte Tor ausgehebelt hatte. Ich ging nicht davon aus, dass die fünf Jungböcke noch irgendwo dort lagen und schliefen. Sie würden ihrerseits einen Spaziergang hoffentlich nur auf die Nachbarwiese gemacht haben. Ich drehte um und brachte Nero auf eine ausbruchsichere Weide, wo er zur Strafe jetzt alleine bleiben musste. Ich wollte in mein Bett, zwei Stunden bevor der Wecker klingelte.

Am nächsten Vormittag fuhr ich wieder zu Nero, der sehr aufgeregt neben mir am Zaun entlanglief. Na, dachte ich, hast du deinen Spaß gehabt? Ich muss die Nachhut suchen, habe keine Zeit für dich. Aber ich fand sie nicht. Die fünf Böcke waren in Wald und Wiese verschwunden. Fast zwei Stunden suchte ich und informierte nur noch den Jagdpächter, falls ihm diese Nacht etwas anderes als ein Wildschwein vor die Flinte lief.

Nils fand sie am späten Abend. Nils, der mir mein Heu machte und mir auch sonst viel half und sich mit seiner Freundin eine Rinderzucht aufbaute. Ich hatte die beiden informiert, falls ihnen etwas zu Ohren käme, und sie hatten sich in ihr Auto gesetzt und waren die Feldwege abgefahren. Am Sportplatz im Nachbardorf standen und lagen sie dann. Ebenfalls einige Kilometer gelaufen und sehr müde. Ich sagte: «Lasst sie da stehen. Die bewegen sich keinen Zentimeter mehr heute Nacht. Und wenn der Fuchs kommt, dann ist das der Preis der Freiheit.»

Ich war doch sauer, Extratouren im Weihnachtsgeschäft waren absolut unnötig. Der Heimweg am nächsten Vormittag dauerte fast zwei Stunden, so müde waren die Jungs. Erst als sie Nero am Horizont erblickten, der auf der Weide auf unseren Tross wartete, begannen sie zu rennen. Schlussendlich sah ich ihnen allen ihren Ausbruch nach. Ihr Leben war bald zu Ende, ich schenkte ihnen ihre letzte große Sause.

Nero starb am letzten Tag des alten Jahres. Bis zuletzt hatte ich diesen Termin vor mir hergeschoben, hatte sogar auf ein Abschwellen seiner Aggression gehofft. Aber er war und blieb Nero, und so erfüllte ich mein eigenes Ultimatum. Ich verwertete alles von ihm. Fleisch, Knochen und Innereien. Das Fell. Das war mir wichtig, denn selbst im Tod war mein Respekt vor ihm ungebrochen. Aber ich wusste auch, dass er mich im kleinsten Moment meiner Unachtsamkeit umgebracht hätte.

Es war mir klar, dass ich nicht bleiben konnte. Es war für mich sehr anstrengend, immer diese Unruhe zu spüren. Ich stand unter Druck und konnte den Druck nicht ablassen. Ich habe das von meinem Vater. Jetzt bin ich frei, ich kann atmen, besser durchatmen. Jetzt fühle ich mich leicht.

Ich wäre damals gerne mit euch gefahren, mit dir und Paul. Paul war mein Freund. Ich habe ihn bewundert, denn ich wäre gerne ein wenig so gewesen wie er. Ich wollte nicht mehr decken, ich hätte nie decken dürfen. Ich hatte immer Angst, meine Aggression und Unruhe zu vererben. Ich habe kein gutes Blut vererbt. Ich war nicht glücklich damit. Jetzt bin ich glücklich, ich habe die Aggression ausgezogen wie eine alte Jacke. Ich habe sie hinter mir gelassen. Und ich will wiederkommen. Irgendwann komme ich wieder.

FEBRUAR: ALMA ODER DIE VERDREHTE WELT

Als eine der ersten Seifensiedereien in Deutschland verzichtete ich auf den Einsatz von Palmöl. Palmöl war ein günstiger Rohstoff, der die Seife hart machte und ihr ein seidiges Aussehen verlieh. Die ersten Bilder und Filme von getöteten und verwaisten Orang-Utans machten die Runde, deren Lebensraum, der Regenwald, gigantischen Ölpalmenplantagen zum Opfer fiel. Der Aufschrei der Empörung war laut. Mir wurde übel beim Anblick dieser Bilder und sofort klar, dass ich ein Statement setzen wollte: Nicht mit mir. Ich tüftelte und probierte, und innerhalb weniger Tage hatte ich eine neue Seifenrezeptur entwickelt. Ich wurde in die Weiße Liste Palmöl aufgenommen.

Über die Qualität der Rohstoffe, die ich in der Seife verarbeitete, machte ich mir von Anfang an sehr viele Gedanken. Bio, regional, natürlich ... meine Ansprüche waren hoch. Dazu mussten sie einen guten Schaum liefern, ein cremiges Gefühl auf der Haut hinterlassen und nicht zuletzt meinen Kunden gefallen. Über Jahre recherchierte ich, probierte aus, verwarf wieder. Nahm Anläufe, ließ es wieder, bis es irgendwann richtig erschien.

Die Verpackung war mein nächster, immerwährender Stein

des Anstoßes. Ich arbeitete mit Einzelformen, nicht in Blöcken, die in gleich große Stücke geschnitten wurden. Ich liebte es, diesen Formen und Figuren mit der Seife, mit Tonerden und ätherischen Ölen, mit den richtigen Namen Leben einzuhauchen. Jede Seife unterschied sich von der anderen in Farbe, Duft und Form. Das war es, was die Seife ausmachte und was zu sehen sein sollte. Zuerst verwendeten wir Cellophantüten. Die waren kompostierbar. Aber sie zerknüllten sehr schnell. Außerdem war die Herstellung in meinen Augen fast nicht vertretbar. Was musste getan werden, um aus Holz eine durchsichtige Tüte zu fertigen? Ich entschied mich für Tüten aus recycelbarem Polypropylen und Etiketten aus bereits recyceltem Papier.

Von synthetischen Duftölen trennte ich mich, obwohl ich wusste, dass es mich einige Kunden kosten würde. Erdbeer, Himbeer, Honig und Co. waren auf natürlichem Weg kaum erreichbar, aber von meinem Kundenstamm gewollt. In meinen Augen passte die Intensität der Düfte nicht mehr zu meiner Arbeit. Zweimal unternahm ich die Umstellung, und erst beim zweiten Mal traf ich mit ausgefeilten ätherischen Ölmischungen sowohl den Geschmack meiner Kunden als auch meinen.

So ging es immer weiter, jeder neue Rohstoff stand auf dem Prüfstein und kostete mich so manche schlaflose Nacht.

Als eine der ersten, wenn nicht sogar als erste Seifensiederei in Deutschland stellte ich meine gesamte Produktion auf die Nutzung von Ökostrom um. Die Gefahren der atomaren Stromversorgung waren schon lange und immer wieder Thema, und als ökologischer Betrieb schien es mir nur folgerichtig, davon Abstand zu nehmen und «sauberen» Strom zu kaufen. Und weil ich eine uralte Gasheizung im Keller, aber sehr viele alte Kirschbäume auf meinen Weiden hatte, entschied ich, wieder

einen Schornstein aufzumauern und zwei Holzöfen anzuschlie-
ßen. In Gedanken sägte ich jeden Tag mit meiner Bügelsäge
einen Baum nieder und fuhr ihn heim zum Trocken. Im Winter
hätte ich dann genügend Holz, um das ganze Haus gemütlich
warm zu halten. Als ich feststellte, dass ich, wenn überhaupt,
nur die Kurzstämme sägen konnte und davon ein Drittel nicht zu
gebrauchende Äste waren, kaufte ich das Brennholz ofenfertig
zu. Ich stellte fest, dass mit ofenfertigem Holz zu heizen teurer
war als mit Gas. Also beschloss ich, eine energieeffizientere
Heizungsanlage zu kaufen, scheiterte aber an der Finanzamt-
katastrophe, dem Ärger mit der Steuer. Jetzt heize ich die
Werkstatt mit Gas, die Wohnung mit Holz und finde das einen
würdigen Kompromiss.

Als eine der ersten Seifensiedereien in Deutschland ließ ich
meine Seifen biozertifizieren. Ich sah in vielen anderen Seifen-
onlineshops, dass Seifen als «bio» bezeichnet wurden, die
lediglich einen Rohstoff aus kontrolliert biologischem Anbau
enthielten. Das war erlaubt, der Begriff ist in der Kosmetik-
branche nicht geschützt. Für mich war es Augenwischerei. Für
mich war klar: Wollte ich meine Produkte als bio bezeichnen,
musste ich sie zertifizieren lassen. Ich suchte mir eine Kontroll-
stelle und lies mir Informationsmaterial schicken. Alles, was
von meinen Rohstoffen aus landwirtschaftlicher Produktion
stammte, musste ebenfalls biozertifiziert sein. Die Grundöle
waren das bereits, nur ätherische Öle und meine Schafmilch
nicht. Aber die Schafe zertifizieren? Nein, Aufwand und Kosten
waren mir zu groß. Zwar hielt ich meine Tiere nach ökologischen Grundsätzen, sie hatten nur eben den Stempel nicht. Ich
entschied, die Milch für die zukünftigen Bioseifen zuzukaufen.
Das gefiel mir nicht, aber es musste eben sein.

Die Preisspanne zwischen biologischen und nicht biologischen ätherischen Ölen war immens, viele waren für mich unbezahlbar. Die Duftkompositionen aber, an denen ich so lange gearbeitet hatte, wollte ich nicht aufgeben. Ich entschied, nur ein kleines Sortiment Bioseifen anzubieten. Ich kaufte andere Formen und anderes Werkzeug für die Herstellung. Dann kam die Erstkontrolle. Alles verlief gut, ich erhielt eine Menge Informationen, dann das Zertifikat und die Rechnung. Jetzt hatte ich eine Bioseifenlinie, viel Geld ausgegeben und noch keine einzige Bioseife verkauft.

Natürlich waren die Bioseifen teurer, sie wuschen und pflegten aber genauso wie alle meine anderen Seifen. Auf eine Art taten mir meine Nicht-Bioseifen leid. Waren sie schlechter, nur weil nicht alles zertifiziert war? War meine Schafmilch schlechter? Ich verdrängte diese Gedanken und hielt an meiner neuen Seifenlinie fest. Das Interesse war da, allerdings nicht mehr als an meinem übrigen Sortiment.

Dann erhielt ich eine Einladung zur Biofach nach Nürnberg. Der Werra-Meißner-Kreis stellte einen Gemeinschaftsstand und vermietete quadratmeterweise die Ausstellungsfläche, für Neulinge wie mich zum Einführungspreis. Eine große Chance, die ich ergriff. Und ein Abenteuer für jemanden, der nicht gerne die häuslichen Mauern verließ. Ich musste jemanden finden, der mich begleitete und Übernachtungsmöglichkeiten buchen, musste die Präsentation entwerfen, Probetüten bestücken, musste die Seifen bestimmen, die ausgestellt werden sollten. Und ich musste die Betreuung von Lilli und den Schafen organisieren. Irgendwie bekam ich das alles hin. Wir hatten in der Werkstatt stundenlang kleine Seifen verpackt und in Tragetaschen sortiert, Bestellscheine ausgedruckt und Informationskarten geschnitten. Die Seifen würden auf Buchenholzständern und Glas liegen, es sah sehr edel aus. Und eine Begleitung hatte ich auch gefunden, die sogar Chinesisch und etwas Thai sprach. So gut gerüstet, brachen wir auf nach Nürnberg.

Für mich war es der absolute Kulturschock, von der Weide auf dieses riesige Messegelände zu kommen. Es war Ende Februar, es lag Schnee, und das Licht in den Hallen war kalt und grell. Ich war nur froh, bekannte Gesichter von der Universität zu sehen. Wir bauten unseren Stand auf. Die Buchenholzständer mit den von mir entworfenen Informationstafeln sahen toll aus, und ein Grüppchen Professoren blieb anerkennend stehen. Einer sagte: «Das kann sie ja!», und meinte das bestimmt ehrlich. Ich fühlte mich dennoch ausgesprochen reduziert.

Abends lag ich in einer kleinen Pension im Bett und hatte Heimweh. Ich schalt mich albern und infantil, aber mir fehlten mein Kind, meine Hunde, mein Bett und meine Schafe. Wegen der Schafe war ich etwas unruhig, das erste Lamm war vor ein paar Tagen auf die Welt gekommen und hatte damit die Geburtensaison eingeleitet. Erfahrungsgemäß zogen, hatte eine Schafmama erst begonnen, alle anderen nach. Ich hatte am Tag der Abreise noch eine dringende Bitte um Verzögerung im Stall gelassen, konnte letztendlich der Natur aber nur ihren Lauf lassen. Meine beste Freundin, als sie das noch war und kein eigenes Seifengeschäft betrieb, würde sich kümmern, und das beruhigte mich. Sie war die Einzige, der ich jemals meine Tiere ohne Wenn und Aber anvertraut hatte.

Die Messe startete am nächsten Vormittag pünktlich, und bald begann der Ansturm auf die Seifen. Es war unglaublich. Obwohl wir nicht Teil der Vivaness, der Kosmetikabteilung der Biofach, waren, suchten und fanden uns die Interessenten. Biogeschäfte, Großhändler, Hofläden, Versandhäuser ... Ich geriet bald in

Panik. Wenn alle diese Menschen zukünftig meine Seife kaufen wollten, musste ich die Produktion grundlegend ändern. Ich war mir nicht sicher, ob ich das wollte. Ein Anruf riss mich aus meinen Überlegungen. Es war ein Uhr mittags. Meine beste Freundin, als sie das noch war, stand in meinem Stall und teilte mir zwischen lautem Blöken und Messelärm mit, dass gestern Nacht acht Schafe gelammt hätten. Sie wisse nicht genau, welche Lämmer zu welchem Schaf gehörten, würde ordentlich einstreuen und alle zusammen einsperren, damit Mutter und Kinder sich fänden. Ich war wirklich sehr froh, dass sie da war. Aber ich spürte auch, dass ich nach Hause musste. Fanden sich Mutter und Kind nämlich nicht, würde das Kind das nicht überleben. Meine Messebegleitung schien die Lage im Griff zu haben. Wortgewandt und stilsicher bewegte sie sich auf dem internationalen Parkett der Händler und Käufer, dass ich sie guten Gewissens den morgigen Tag alleine lassen konnte. Die Heimfahrt war schnell geregelt: Die Universität fuhr jeden Morgen und jeden Abend mit einem VW-Bus von Witzenhausen nach Nürnberg und zurück, um möglichst vielen Studenten einen Besuch der Biofach zu ermöglichen. Für die Heimfahrt war ein Platz im Bus frei. Schon auf der Autobahn spürte ich meine Erleichterung. Ich hatte keine Gelegenheit gehabt, mich auf der Messe umzusehen. Aber das, was der Radius um meinen Stand zugelassen hatte, war blendend gewesen. Grelle Scheinwerfer, riesige Podeste, Maßanzüge, irgendwo dazwischen das zu vermarktende Bioprodukt. Ich dachte an meine Werkstatt, an meinen Garten und meinen kleinen Stall. An meine Buchenholzständer. Es lagen Welten dazwischen.

Spät in der Nacht kamen wir in Witzenhausen an. Ich war müde, ging aber trotzdem noch in den Stall. Im Schein der Taschenlampe sah ich die acht Schafe, ihre Lämmer bei sich liegend, alle satt und zufrieden. Meine beste Freundin, als sie das noch war, hatte wunderbare Arbeit geleistet.

Am nächsten Tag kamen weitere sechs Lämmer, und während ich Ablammbuchten belegte und Nabel desinfizierte, klingelte ununterbrochen das Telefon in meiner Tasche. Menschen aus aller Herren Länder suchten meine Seifen in den Messehallen und fragten mich, wie sie dorthin kämen. Ich beschrieb ihnen, so gut es ging, aus meinem Stallwagen heraus den Weg. Später trudelten die ersten Bestellungen ein, die gerne schon am Ende der Messe mit nach Hause genommen werden wollten. Ich packte abends zusammen, was lieferbar war, und brachte es um vier Uhr früh zum Bus der Uni, der die Pakete mit nach Nürnberg nahm. Ich entschied, erst am letzten Tag morgens wieder mitzufahren. Lammende Schafe und etliche Seifenbestellungen: Im Grunde war ich froh über die viele Arbeit. Ich drückte mich erfolgreich vor der Bioglitzerwelt.

Der letzte Tag der Biofach war auch der ruhigste. So hatte ich endlich Gelegenheit, einen Rundgang zu machen. Natürlich zog es mich zuerst auf die Vivaness. Ich war gespannt, was der Biokosmetikmarkt Neues zu bieten hatte. Zunächst einmal würdevolle Stille. Nach dem sich überschreienden Trubel der Nachbarhallen herrschte hier absolute Ruhe. Dicke Teppiche dämpften jeden Schritt. Wenige große Stände mit viel leerem Raum und dezent präsentierten Cremedosen, Hygieneartikeln und Flakons. Zwei Seifenaussteller fand ich. Der eine aus Österreich mit wohl handgemachten Seifen und Badeartikeln, aber definitiv mit verarbeiteten synthetischen Duftölen, was auf Nachfrage drucksend zugegeben wurde. Woraufhin ich mich fragte, wie das auf einer Biomesse toleriert werden konnte.

Der andere Seifenhersteller kam aus Süddeutschland und

war wohl der bekannteste Anbieter von Schafmilchseifen. Er verarbeitete Schafmilchpulver und hatte – wie ich – lediglich eine biozertifizierte Linie. Als Hauptzutat der konventionellen Seifen fand ich Palmöl. Die Seifen waren hübsch verpackt, in Holzschachteln oder bunten Tüten. Passend arrangiert in mit Schafen bedruckten Pappaufstellern. Günstig im Einkauf, sofort und in Mengen zu haben. Das musste es sein, wenn man ins große Geschäft wollte, so viel hatte ich verstanden. Wollte ich dahin?

Ich schlenderte weiter durch die Halle und interessierte mich hauptsächlich für die Inhaltsstoffe der angebotenen Kosmetik. In fast jeder fand ich die üblichen Emulgatoren auf Basis von konventionellem Palmöl. Ich wusste, dass es so gut wie keine Alternativen gab. Aber ich hatte mir lange, lange den Kopf zerbrochen, bis ich meine Cremes und Fluids nur auf der Basis von Lanolin herstellen konnte. Ich liebte Lanolin, das Wollfett der Schafe. Bedauerlicherweise war es in Verruf geraten, weil Reste von Insektiziden, mit denen Schafe gegen Ektoparasiten behandelt wurden, darin zu finden gewesen waren. Das war aber lange her, und ich bezog das beste gereinigte Wollwachs über eine Apotheke. Lanolin war dem menschlichen Hautfett sehr ähnlich und konnte daher gut Dysfunktionen der Hautbarriere ausgleichen. Die herkömmlichen Emulgatoren blieben auf der Haut liegen und erzeugten bei mir nahezu ein Erstickungsgefühl. Mit Lanolin und Bienenwachs aus einer befreundeten Bioimkerei hatte ich eine gute Option gefunden. Das anfängliche Misstrauen meiner Kunden gegenüber dem Wollwachs war schnell gewichen. Die Cremes, die ich herstellte, waren manchmal gefragter als meine Seifen.

So schritt ich über die Biofach, die weltgrößte Biomesse, und fragte mich, ob ich mich als Moralapostel aufspielte oder die

Bioszene gerade zum Big Business verkam. Ich tendierte zu Letzterem, als ich an einem grell glitzernden Stand vorbeikam, in dem knapp bekleidete Damen im Polyesterleopardenlook einen biologischen Energiedrink zu verkaufen suchten. Ich bekam Kopfschmerzen. Entgegen der Planung entschied ich, noch am selben Abend gen Heimat zu fahren. Ich wollte nur noch nach Hause.

Alma wurde nicht an dem Tag geboren, als ich auf der Messe war und meine beste Freundin, als sie das noch war, den Lämmersegen sortierte. Alma kam ein paar Jahre später auf die Welt, ein unscheinbares Lamm einer unscheinbaren Mutter. Eigentlich wollte ich Alma auch schlachten, als der Herbst kam, aber der junge Schäfer und ich wollten zu dem Zeitpunkt noch unsere Herde vergrößern. Daher durfte Alma bleiben. Sie hieß damals auch noch nicht Alma, sondern 496, nach ihrer Ohrmarkennummer. Als der junge Schäfer dann weg war, blieben 30 gedeckte Schafe und mit ihnen meine steigende Sorge, ob ich das alles bewältigen würde. Ich baute den Schafstall, und währenddessen bekam Alma ihr erstes Lamm. Vor allen anderen, ohne Probleme, ohne Nachgeburtsverhalten und mit genügend Milch. Da sah ich sie zum ersten Mal wirklich an, denn von Erstgebärenden war ich anderes gewohnt. Sie machte mir Mut damals, mich nicht zu sehr zu sorgen, und ich fing an zu überlegen, ob ich sie tatsächlich behalten sollte. Auf eine Art wurde sie das Symbolschaf für meinen Neuanfang, für mein neues Leben nach einer schmerzhaften Liebe. 496 hatte sich leise und doch hartnäckig in mein Bewusstsein gedrängt. Ich dankte es ihr mit ihrem Namen. Alma.

Die Nachfrage nach der Bioseife ließ immer mehr nach. Selbst die Bioläden bestellten lieber die anderen Seifen. Und ich machte lieber die anderen Seifen, weil ich in ihnen die Milch meiner eigenen Schafe verarbeiten konnte. Die Frage nach der Wertigkeit der Seifen kam mir immer öfter. Welche war besser, welche schlechter? Ich wollte meine Schafe nach wie vor nicht zertifizieren lassen. Meine Weiden lagen inmitten einiger stark bewirtschafteter Kirschplantagen und Ackerflächen, beide konventionell. Dort wurde genebelt und gesprüht, und wenn dann der Wind schlecht stand, nebelte und sprühte es auch auf meine Weiden. Ich sah immer nur zu, dass ich die Schafe zu diesen Zeiten auf weit entfernten Wiesen zäunte. Aber wie sollte ich guten Gewissens diese Flächen als Bio bezeichnen lassen? Und was sollte Bio denn überhaupt heißen? βιοσ, altgriechisch, das Leben. Meine Schafe lebten, sehr gut sogar. Die Wiesen lebten, was ich an den zahlreichen Mäusen und Schmetterlingen und Grillen ausmachen konnte. Ich lebte.

Als ich an diesem Punkt angelangt war, wurde mir klar, dass ich keine Bioseifen mehr wollte. Ich wollte nicht Zeit und Geld für einen Beweis ausgeben, den ich in meinen Augen nicht zu erbringen brauchte und im Grunde genommen nicht erbringen konnte. Um mich herum stellten viele Betriebe von konventionell auf Bio um. Wieder, denn die Subventionen waren erhöht worden. Subventionen, die den Minderertrag der Biobetriebe gegenüber dem ihrer konventionellen Kollegen ausgleichen sollten. Aber wo fing das Bio an, und wo hörte es auf? Begann es bei der Biozahncreme, die der Landwirt morgens benutzte? Ging es weiter bei den Bäuerinnen, die eigentlich von nun an im Bioladen statt im Discounter einkaufen müssten? Hörte es auf, wenn statt des Schleppers wieder Ackergäule über das Feld gingen? Ich fuhr so viele Wege wie möglich mit meinem Fahrrad und dem Anhänger. Wir sammelten Versandkartons bei einem unserer Kunden, um nicht neue Kartons einzukaufen. Ich sammelte Regenwasser in großen Tanks, um Schafe und Gemüse nicht mit dem Wasser der Stadtwerke tränken zu müssen. Meine Hunde aßen von den Schafen, was ich nicht aß. Lilli und ich trugen Kleidung aus ökologischer Baumwolle oder solche, die schon durch zahlreiche Hände vor uns gegangen war. Ökologisches Spül- und Waschmittel gehörten im Grunde genommen zum guten Ton.

Aber in meinem Keller standen drei Gefriertruhen der Klasse A bis C, in denen ich die Schafmilch und das Fleisch einfror und die meinen ökologischen Fußabdruck verzerrten. Ich bedruckte meine Recyclingetiketten mit herkömmlichen Druckerfarben. Ich brauchte viele Druckerpatronen, die ich mit Sicherheit nicht ordnungsgemäß entsorgte. Und letztendlich war auch die Herstellung meines geliebten Lanolins eine sehr aufwendige und chemische Angelegenheit. Jeder gute Anfang hatte irgendwo ein schlechtes Ende. Meine Überlegungen fühlten sich an wie ein Wahnsinn, der sich immerfort im Kreis drehte. STOPP. Wanda, hilf mir!

Ich kann nicht verstehen, warum ihr eure Nahrung zerstört. Was habt ihr davon? Ich verstehe nicht, was an einer Kartoffel anders ist, weil Bio darauf steht. Was habt ihr mit der Kartoffel gemacht, die in euren Augen minderwertig ist? Es ist beides eine Kartoffel. Gras ist Gras, Biogras ist kein anderes Gras auf der Wiese. Ich habe zwei Lämmer großzuziehen, ich kann es mir nicht leisten, das Gras nicht zu fressen.
Wenn ihr alles kaputt macht, dann müsst Ihr es wieder reparieren. Aber warum braucht ihr Bio? Ihr habt

euch so weit von eurem Ursprung entfernt, dass ihr einen Namen braucht, um dorthin zurückzukehren. Ihr macht euch keine Gedanken über euer Handeln, und dann braucht ihr einen Stempel, der alles wiedergutmachen soll. Eure Wirklichkeiten haben sich verschoben. Der Mensch hatte noch nie Respekt vor dem, was ihn wirklich ernährt. Ihr verdreht eure Welt. Ich kann nicht verstehen, wie ihr denkt. Nachhaltig, was ist nachhaltiger als das Leben, als das Sein? Alles kehrt dahin zurück, wo es hergekommen ist, und es entsteht neues Leben. Nichts geht verloren. Was braucht ihr ein künstliches Nachhaltigsein, wenn das Leben schon nachhaltig ist?

Diese Gedanken brachten mich sofort zur Raison. Ich hatte jeglichen Abstand zum Thema Bio verloren. Schlimmer noch, ich hatte mich direkt in das Beuteschema von Medien und Werbung und Onlineportalen begeben, die Bio mit Heile-Welt- und/oder Schreckensbildern zu vermarkten suchten. Das machte mich wütend, wütend auf mich selbst, die ich doch an der Quelle allen Bios lebte. Meine Schafe brachten jedes Jahr ihre Lämmer zur Welt. Ich sah die kleinen Schafe wachsen, sah die Wiesen wachsen. Wenn ich tagtäglich auf die Weiden fuhr, erlebte ich die Natur in ihrem Jahreszeitenwechsel. Sah die ersten Blüten, die ersten grünen Blätter. Beobachtete das Gras, bis es so weit war, das Heu zu ernten. Sah die Blätter fallen und die Kraniche ziehen. Ich fuhr im Regen, im Sturm und im Sonnenschein. Ich sah die Tiere sterben. Und wieder neues Leben entstehen. Ich war mittendrin im Bio. Natürlich erkannte ich auch, dass die Winter immer kürzer wurden, spürte den anhaltenden Regen oder die anhaltende Dürre. Aber wenn ich die Angst darüber zuließ, schnitt ich mich von meinem Leben ab. Ich wollte leben. Und ich wollte glücklich sein und nicht in der Trauer um eine sich verändernde Welt erstarren.

Ich fuhr gerne und aus sportlichen Gründen mit meinen Hunden und meinem Mountainbike durch die umliegenden Wälder. Der Wald war – neben den Schafweiden – immer schon ein Ort gewesen, in dem ich zur Ruhe kam, in dem ich die feuchte, leicht modrige Luft einsog und in das Grün des Blätterdachs blickte. Hier fand ich ein Stück einer heilen Welt, die ich so dringend suchte. Seit ein paar Jahren aber musste ich sehen, dass die Holzfällerarbeiten, die bislang nur im Winter stattgefunden hatten, sich auf das ganze Jahr ausdehnten. Woche für Woche lagen neue Baumriesen am Wegesrand, und die Schneisen, die die gewaltigen Rückefahrzeuge durch den Waldboden zogen, erinnerten mich an die Schreckensbilder des Kohleabbaus. In Verbindung mit enormen Regengüssen hatten sich zierliche Trampelpfade in Kraterlandschaften verwandelt. Das berührte nicht nur mein Herz, sondern auch meine Gesundheit, da mir auf den Abwärtsfahrten zunehmend das Fahrrad unter dem Hintern wegrutschte, weil die Räder keinen Halt mehr fanden. Ich dachte: Wo sollen hier denn Rehe und Wildschweine leben? Und: Heizte ich damit mein Haus? Wo ich auch hinschaute, riss der Mensch ein, was die Natur jahrzehntelang hatte entstehen lassen. Alma hattevollkommen recht, das war nicht zu verstehen.

Vielleicht deswegen ließ ich mich ein Jahr später dazu überreden, die Biofach erneut zu besuchen. Wieder als Teil des Gemeinschaftsstandes, aber nicht mehr zum ermäßigten Preis. Vier Quadratmeter für 2500 Euro. Dazu kam, dass ich dieses Jahr mehr Personal beschäftigen wollte, denn ich würde nur am ersten Tag persönlich da sein. Die Biofach lag eben zeitlich sehr ungünstig zu meiner Ablammperiode.

Der Ansturm blieb in diesem Jahr aus. Offenbar hatte ich den Reiz des Neuen verloren, denn auch von den Neukunden des letzten Jahres waren nicht viele geblieben. Stattdessen traten zwei Großhändler an mich heran. Der eine stammte aus Frankreich, der andere pflegte Geschäftsbeziehungen in den Libanon. Ich fühlte mich geschmeichelt, ließ aber Vorsicht walten. Der erste und bislang einzige Umgang mit einem Großhändler hatte mich vor Jahren fast in den Ruin getrieben. In meiner geschäftlichen Unerfahrenheit hatte ich mich zu Verkaufspreisen hinreißen lassen, die noch nicht einmal die Kosten für die verarbeiteten Rohstoffe abdeckten. Als ich feststellte, dass der Großhändler meine Seifen für das Fünfzehnfache weiterverkaufte, erwachte ich sehr schnell aus dem bösen Traum. Die Kompensation des entstandenen Schadens dauerte hingegen etwas länger.

Wir hatten in der Werkstatt schon oft darüber diskutiert, dass ein Großabnehmer für ein regelmäßiges Einkommen sorgen würde. Aber wie groß konnte die Menge Seife sein, die auf einmal abgenommen werden könnte? Wir erstellten alles in Handarbeit. Es gab keine Maschine, die auf Knopfdruck die Herstellungsmenge erhöhte.

Ich ließ es darauf ankommen. Ich vertraute darauf, dass ein Biogroßhändler den notwendigen Respekt vor meinem Produkt aufbringen würde, um einen anständigen Preis zu zahlen. Die Verhandlungen begannen, und der Mann aus dem Libanon ließ sich immer wieder und ausgiebig beraten, stimmte aber dem von mir geforderten Preis zu. Er kriegte mich, als die Pakete an ihn versandfertig in unserem Flur standen und er von der Summe sein Skonto abzog. Ich dachte: Wir hatten so viel Arbeit, die Bestellung muss raus! Und ließ mich darauf ein. Ein paar Wochen später bekamen wir eine Reklamation, weil im feuchtheißen Klima des Libanons unsere Seifen in den Verpackungen schwitzten. Er forderte einen finanziellen Ausgleich. Ich zahlte und entschied, zukünftig nur in Länder mit einem unserem ähnlichen Klima zu liefern.

Die Franzosen verhandelten von Anfang an, wir sprachen – wie ich annahm – ehrlich miteinander und fanden ein Preisniveau, das für beide annehmbar war. Nachdem die Anzahlung auf meinem Konto eingetroffen war, verließ die erste große Bestellung das Haus. Die Zahlung der Restsumme blieb aus. Ich hatte mit dem Geld fest geplant, wollte die Gebühren für meine Weihnachtsmärkte damit begleichen. Als die Zahltermine der Marktorganisatoren verstrichen und mir mit Nichtteilnahme gedroht wurde, ging ich zur Bank, um meinen Dispokredit aufzustocken. Aus Frankreich keine Nachricht. Erst als ich mit rechtlichem Beistand drohte, kam das Geld. Drei Monate zu spät. Auf den Zinsen für meinen Kredit blieb ich sitzen. Ich sah, dass Bio keine Garantie für Respekt vor dem Leben war.

Der Biofach kehrte ich den Rücken. Meine Biozertifizierung gab ich ab. Jetzt durfte ich wieder alle meine Seifen mit der Milch meiner Schafe herstellen. Ich fand Björn, einen jungen Landwirt vom Hohen Meißner, der in seinem Betrieb Raps und Mohn anbaute und selbst in seiner Scheune zu goldgelbem Öl presste. Das passte zu mir, dieses Öl wollte ich für meine Seife. Wir kamen schnell ins Geschäft. Der Preis war wunderbar, da ich direkt vom Hersteller bezog und nicht noch Mittelsmänner bezahlen musste. Seit zwei Jahren fertige ich für die Zeit der Mohnblüte, die groß gefeiert wird, eine Mohnölseife für Björn. Und als meine Hunde vor Jahren zehn Welpen bekamen, fand einer von ihnen auf dem Hof am Hohen Meißner ein neues Zuhause.

Den Abstand zu meinem persönlichen Biowahnsinn muss ich mir immer wieder und ständig bewahren. Ich weiß um die Zustände auf dieser Welt, ich werde mich ihnen nicht verschließen. Aber ich brauche nur das Foto eines Eisbären auf einer einsamen Scholle oder das Bild eines Delphins mit einer blutigen Träne oder eine Muttersau in ihrem engen Gitterkäfig zu sehen, dann versinke ich in meiner Biodepression. Der Gedanke an Alma holt mich wieder zurück. Wir kennen uns immer noch nicht so gut, aber meine Dankbarkeit für ihre einfachen Worte ist unglaublich groß.

Ich habe vor einigen Jahren drei Seifen entwickelt, mit deren Erlös ich einige Projekte einer Tierhilfsorganisation unterstütze, unter anderem die Betreuung und Versorgung verwaister Orang-Utans. Das Herstellen dieser Seifen macht mir Freude. Es gibt mir das Gefühl, mit einem Beitrag meiner Schafe einen winzigen Teil dieser Welt zu retten. Mehr braucht es nicht, denn meine Welt ist hier, bei Lilli, meinen Hunden und den Schafen.

MÄRZ: EMILI, KLARA UND GUNDA ODER WILLKOMMEN IN DER NEUEN HERDE

In einem landwirtschaftlichen Betrieb ist es üblich, einen Teil der Lämmer eines jeden Jahres zur Remontierung der Herde zu behalten. «Die Remontierungsrate (Abkürzung RMR, auch Bestandsergänzungsrate) bezeichnet den Anteil der Lämmer eines Bestandes, welche für den Erhalt des Durchschnittsschafbestandes eingesetzt werden.» So ähnlich formuliert es die freie Onlineenzyklopädie. Da Wunibald über lange Jahre mein Deckbock war, behielt ich keine Lämmer zur Remontierung. Ich fuhr einfach zu Jutta und remontierte mit Lämmern, die ich von ihr kaufte.

Als Wunibald starb, kaufte ich nacheinander vier Böcke, die das jeweilige Jahr, in dem ich sie kaufte, nicht überlebten. Der zweite war Neros Vater, Othello, der Bock der vereisten Mistgabel. Den ersten nannte ich vor Othello auch Othello. Er kam bereits mit einem Lungenleiden, wie ich feststellte, und erlag einem feuchtschwülen Frühjahr.

Nach Othello Eins und Zwei kam Paul Eins. Er fiel in die Zeit meiner Herdenaufstockung aus Liebe und stammte von einem malerischen kleinen Hof nahe der nächsten Großstadt. Schon die Hinfahrt in brütender Augusthitze entwickelte sich zu einem wahren Abenteuer. Ich hatte das Navigationsgerät in meinem Telefon aktiviert, und wir kurvten bereits über eine Stunde durch die Vororte, als wir feststellten, dass es offenbar zwei Straßen desselben Namens in nicht ganz unmittelbarer Nähe gab. Ich schaltete die nutzlose Navigation aus und fragte ganz altmodisch an der nächsten Tankstelle nach dem Weg. Die Straße war dort nicht bekannt. Bekannt war nur der Golfplatz, an dem die Straße liegen sollte, an dem wir aber bereits gefühlte 17-mal vorbei gefahren waren. Ich gab uns und unserem zukünftigen Bock noch eine Chance und steuerte ein letztes Mal das Ressort an. Und wie durch ein Wunder tauchte vor unseren Augen ein versteckter Pfad auf, der uns rumpelnd und schaukelnd zu einem alten Forsthaus führte. Ein Architekt hatte das Haus gekauft und von Objektplanung auf Schafhaltung umgesattelt. Als wir zwei Stunden nach der ursprünglich vereinbarten Zeit eintrafen, verlegte der freundliche Mann gerade eine Holzveranda. Schöner Wohnen zum Anfassen. Seine Milchschafherde graste auf etwa vier Hektar Wiese vor dem Haus, die sich bis zum Waldesrand erstreckte. Perfekte Bedingungen. Aber irgendetwas störte mich. Der Wald, der die Weiden dunkel umschloss, wirkte auf mich bedrohlich. Ich konnte es mir nicht erklären und ging darüber hinweg, weil es spät wurde und wir mit Bock nach Hause wollten. Der freundliche Mann zeigte uns die zu verkaufenden Tiere. Ein munteres Grüppchen schwarzer und weißer Schafe. Wir fackelten nicht lange, suchten zwei zur näheren Auswahl und dann den einen aus, der mit uns kommen sollte. Ich zahlte, der Bock verschwand im Caddy, und wir verabschiedeten uns. Die Heimfahrt verlief geradlinig und schnell, und Paul Eins lernte am selben Abend noch seine neuen Freunde kennen.

Am nächsten Tag entschieden wir ob der heißen Witterung,

das Tier zu scheren, und der junge Schäfer machte sich an die Arbeit. Ich stand in der Seifenwerkstatt und lauschte dem Surren der Maschine, als mich ein genervter Schrei nach draußen rief. Da stand der nackte Bock mit nur einem Hoden. Uns war in der ganzen Aufregung der grundlegendste aller Fehler unterlaufen. Wir hatten die Mannespracht nicht vor Ort untersucht. Der Bock war für die Zucht nicht zu gebrauchen. Jetzt sah er allerdings so jämmerlich aus, dass wir uns dafür entschieden, erst die Wolle etwas nachwachsen zu lassen, bevor wir über einen Umtausch verhandelten. Dazu kam es nicht. Paul Eins begann, sich vor unseren Augen aufzulösen. Besser gesagt zu faulen. Von Kopf bis Fuß bekam er Entzündungen und Schwellungen, die ich mit nichts zu heilen vermochte. Immer schwächer wurde er, dass wir ihn schließlich in den Stall neben die Mutterherde brachten, weil er sich gegen die anderen Böcke nicht mehr durchsetzen konnte. Ich erinnerte mich an meine irritierende Wahrnehmung, die ich im Angesicht von Paul Eins alter Heimat gehabt hatte. Ich dachte an die vielen Märchen, die ich gelesen hatte. Die von bösen Hexen und Flüchen und blutigen Schlachten gehandelt hatten. Ich dachte: So etwas gibt es nur im Märchen! Aber zugleich: Gegen einen Fluch kommst du nicht an. Ich konnte Paul Eins nicht retten. Eine Woche nachdem ich ihm ein neues Zuhause gegeben hatte, schritt ich mit Bolzen und Messer zum Stall, um ihm in das nächste zu helfen. Ich strich ihm noch lange über den Kopf, auch als er schon tot war. Ich schwor, in Zukunft meinen Wahrnehmungen mehr Aufmerksamkeit zu schenken.

Paul Zwei wurde online annonciert. Der junge Schäfer fand die Anzeige, aber mir steckte Paul Eins noch in den Knochen. Ich warf trotzdem einen Blick auf das Bild. Der Lacaune-Einschlag war nicht zu übersehen. Er hatte lange Beine, die typische Nasenform der französischen Milchschafrasse und einen sehr freundlichen Blick. Erste Wahrnehmung. Ich griff zum Telefonhörer.

Die Fahrt zu Paul Zwei gelang ohne weitere Zwischenfälle, und wie sich herausstellte, wohnte er auf einem sehr schönen alten Gehöft. An der sonnenerwärmten Sandsteinmauer stand Tomatenpflanze neben Tomatenpflanze. Ich liebte Tomaten. Zweite Wahrnehmung. Sein Besitzer war mir sympathisch, da er seine Tiere ebenfalls mit Hafer und Eimer heranrief, was unter Hardcore-Schäfern eher verpönt ist. Und Paul Zwei stellte sich so direkt neben mich, dass ich dachte, der will mit. Dritte Wahrnehmung. Er durfte mit. Ich zahlte, und Paul Zwei stieg in den Caddy. Er stieß mit dem Kopf fast an das Dach. Wir brachten ihn zu Nero, und ich beobachtete mit klopfendem Herzen, wie die beiden mit gesenkten Köpfen aufeinander losgingen. Ich wusste, dass in solchen Kämpfen der Kleinere die besseren Chancen hatte, weil er das Genick des anderen im besseren Winkel brechen konnte. Wir fuhren und überließen die beiden sich selbst. Ich hoffte, dass ich nicht wieder den Abdecker rufen musste.

Am nächsten Tag standen beide einträchtig weidend nebeneinander, und ich wagte das erste Mal, auf wunderbare schwarze und weiße Lämmer im nächsten Jahr zu hoffen. Ich wollte endlich selber remontieren.

Die Lämmer kamen, weiße und schwarze, und die Merkmale, die ihre Väter ihnen vererbt hatten, waren unverkennbar. Lange Beine und eine breite, belockte Stirn von Paul. Zierliche Körper und abstehende Ohren von Nero. Ich war sehr glücklich. Und Nero wurde aggressiv. Die Entscheidung, mich von ihm zu trennen, war bereits gefallen, als mir von ganz unerwarteter

Seite ein Bocklamm angeboten wurde. Wunibalds allererster Besitzer war nach Witzenhausen zurückgekehrt und hatte Ostfriesen aus Südbayern mitgebracht. Die Chance auf ganz frisches Blut in meiner Herde. Ohne mir das Lamm anzusehen, sagte ich zu. Es wurde ein paar Tage später gebracht und stand jammernd auf dem Pritschenwagen. Die Trennung von seiner Mutter traf es hart. Das Böckchen war ein hübscher Kerl, und stille Freude überkam mich, bis Wunibalds erster Besitzer sagte: «Pass auf, sein Vater war ein ganz Böser! Und: Der wird wahrscheinlich erst einmal abbauen, bis er sich hier eingefunden hat.»

Ich dachte: Warum sagt er das? Ich hatte ein ganz anderes Gefühl, das unter seinen Worten zusammenbrach. Ich nannte den Bock Veit, nach seinem Züchter, und suchte nach Anzeichen für Böswillen und einen schwächer werdenden Körper. Ersteres fand ich nicht, Letzteres kam. Ich entwurmte Veit, ich kontrollierte seine Klauen, und ab und an bekam er ein trockenes Brötchen zugesteckt. Mit den anderen Böcken verstand er sich gut. Trotzdem wurde er immer weniger, bis er anfing zu husten. Ich behandelte ihn, es ging ihm besser, dann wieder schlechter. Vielleicht lag es am andauernden Regen des letzten Jahres. Vielleicht aber auch daran, dass ich dauernd daran denken musste, dass Veit abbauen würde. Im späten Sommer brachte ich ihn in den Stall, wo es trocken war und er sich ausruhen sollte. Einen kleinen Bock stellte ich dazu (den, der «in die Truhe» ging), aber Veit starb. An einer Lungenentzündung.

Danach wollte ich keinen Bock mehr kaufen. Paul Zwei wuchs noch ein Stück, bis er mir bis zum Bauchnabel reichte. Er wurde ein prächtiger Bock und Charmeur. Die Schafdamen mögen ihn. Deshalb wird Paul so lange bleiben, wie wir beide uns gut verstehen. Und vielleicht tritt dann einfach ein Sohn von ihm die Nachfolge an. Leon zum Beispiel.

Auch in die Mutterschafe meinte ich einmal frischen Wind bringen zu müssen. Vielmehr meinte das der junge Schäfer, und ich gab ihm recht. Meine letzten Schafe mit weißer Wolle waren gerade an Altersschwäche gestorben. Jetzt gab es nur noch schwarze Wolle, und die in rauen Mengen. Wollten wir aber irgendwann einmal die Wolle verkaufen, würde sie weiß sein müssen, damit sie noch gefärbt werden konnte. Wir fuhren also los, ein Stück die Autobahn gen Norden, in ein kleines malerisches Dorf. Der Hof, zu dem der junge Schäfer den Wagen lenkte, war nicht ganz so malerisch. Aber Höfe sehen am Anfang des Jahres, wenn noch die Stallsaison herrscht, nie sehr ansprechend aus. Schnee verwandelt sich unter Schlepperreifen zu grauem Matsch, das Heu oder die Silage türmt sich in einer Ecke, der Mist in einer anderen. Das stört mich alles nicht im Geringsten, es ist die Arbeit, die im Winter getan werden muss. Was ich aber schrecklich finde, ist, dass Tiere über Wochen und Monate in einer dunklen Scheune stehen. Eng zusammen, kaum Licht. Nur zu den Fresszeiten morgens und abends werden die Tore geöffnet und frische Luft und Sonne in das Dunkel gelassen. Daher konnte ich auch erst nichts sehen, weil meine Augen sich an das Dämmerlicht gewöhnen mussten. Bestimmt einhundert Schafe standen in dem großen Raum, unterteilt in mehrere Gruppen. Ich stöhnte. Wie sollten wir die drei für uns richtigen finden? Der Landwirt beriet uns, sagte, wer zum Verkauf stand, wer nicht. Bis zum letzten Jahr hatten er und seine Frau gemolken und Käse gemacht, jetzt pflegte er mit seiner Herde die Landschaft. Seine Frau bedauerte den Schritt, aber die Arbeit war einfach zu viel. Der Weidemelkstand wäre ebenfalls zu kaufen. Wir konzentrierten uns auf die Schafe. Es dauerte drei Stunden, bis wir eine Auswahl getroffen hatten. Ich hatte zum Schluss nur noch ja und amen gesagt, ich konnte vor lauter

Zähnen und Eutern nicht mehr klar denken. Dann die übliche Prozedur: Ich zahlte (diesmal erheblich mehr, da es herdbuchgeführte Biotiere waren), die Schafe stiegen ins Auto, und wir fuhren heimwärts.

Der Landwirt hatte seine Tiere im Herbst noch einmal geschoren, eine gängige Praxis, wenn die Tiere den Winter über im Stall standen. Ich hatte aber nur einen stabilen Unterstand, meine Tiere brauchten ihre Wolle im Winter. So trennten wir ein Abteil im Wagen ab, streuten Unmengen an Stroh, und die drei Schafe zogen ein. Wir wollten sie nicht gleich mit den anderen zusammen lassen. Alle Schafe waren tragend und Rangkämpfe, die unweigerlich folgen würden, konnten zu Frühgeburten führen.

In einem stillen Moment setzte ich mich zu den Neuen. Ich wollte sie kennenlernen, sie sollten mich kennenlernen. Und Namen sollten sie bekommen. Clara, Emili und Gunda.

Clara war die Zutraulichste. Sie kam mit aufgestellten Ohren und zuckender Nase auf mich zu und zupfte mich am Ärmel. Sie hatte das typische Ostfriesengesicht, lange Stirn und Nase, sehr zierlich, sehr weiblich. Ich mochte sie, natürlich, weil sie sich von mir gleich streicheln ließ.

Emili war ängstlich. Sie war die Jüngste von den dreien. Sie hatte einen etwas breiteren Kopf, den sie dauernd senkte. Zaghaft schnupperte sie an der Hand, die ich ihr hinhielt. Ich bedrängte sie nicht. Sie sollte genug Zeit haben, sich einzufinden.

Gunda war misstrauisch. Sie ging für jeden Schritt, den ich ihr entgegenkam, drei zurück. Sie ließ sich nicht anfassen, sie wollte nicht riechen, sie wollte ihre Ruhe. Zum Glück hatten die drei eines gemeinsam: Sie waren unglaublich verfressen. Jedes Rascheln einer Brötchentüte, jedes Klappern eines Eimers holte sie aus ihrer Deckung.

Das Wetter wurde immer besser, und es fiel mir schwer, die drei Neuen so lange im Wagen zu halten. Der junge Schäfer war bereits weg, und ich wollte mit dem Stallbau beginnen. Dafür brauchte ich Platz. Also entließ ich Clara, Emili und Gunda in ihre neue Herde. Ich hielt den Atem an, als sie sofort von meinen Alten umringt wurden, aber es blieb alles ruhig. Die langsam sprießenden Grasspitzen waren der gemeinsame Nenner, der die Schafmäuler am Boden statt zum Kampf gesenkt hielt.

Zwei Wochen später lammte Gunda. Ich musste mich von den Geburtsterminen der drei überraschen lassen, denn der Deckzeitpunkt war nicht auszumachen gewesen. Das kleine weiße Lamm, das mich unter Gundas Bauch hervor anblinzelte, entschädigte mich für die Griesgrämigkeit seiner Mutter, die bislang noch nicht nachgelassen hatte. Hallo, Frieda, dachte ich, dann bleibst du wohl auch bei mir.

Die nächste war Clara, die ein Bocklamm zur Welt brachte. Sie war seltsam teilnahmslos, obwohl sie den kleinen Kerl annahm.

Es wurde wärmer, und ich teilte den Schafen mehr Wiese zu. Clara und ihr Sohn verbrachten viel Zeit auf dem frischen Grün, aber offenbar überfraß sie sich. Sie bekam fürchterlichen Durchfall, den ich lange Zeit durch nichts stoppen konnte. Sie magerte stark ab und dementsprechend sank auch die Menge an Milch, die sie gab. Ich fütterte ihr Lamm zu, aber es schien angeschlagen. Und Clara ließ sich hängen. Wie hingegossen ins Stroh verbrachte sie die Tage im Stall und ließ den Bock nur widerwillig an das Euter. Ich teilte sie dennoch der Gruppe der zu melkenden Schafe zu, denn ich wollte, dass sie den Ablauf des Melkens früh genug kennenlernte. Wenn sie dieses Jahr nicht ausreichend Milch gab, dann wenigstens im nächsten. Was mich ein wenig ärgerte, war, dass sie beim Arbeiten die Letzte, beim Austeilen des Kraftfutters aber immer die Erste war. Eine Eigenschaft, die mich schon bei Menschen fürchterlich aufregte. Ich zwang mich zur Nachsicht. Ein Überwechseln in eine neue Herde fiel manchen Tieren eben schwerer als anderen. Ich wollte ihr unbedingt eine zweite Chance geben.

Dann lammten die Tiere meiner Stammherde. Es war das Jahr, in dem Ronja Rosalie und Fips bekam, in dem Neros einzige Nachkommen geboren wurden und die Lammzeit weitestgehend problemlos ablief. Es gab zwar wieder eine Handvoll Flaschenlämmer, aber ich hatte das erste Mal entschieden, einen Lammkindergarten bei mir am Haus zu eröffnen. Dort konnte ich die Tiere öfter tränken, musste nicht jedes Mal mit der Milch auf die Weide radeln. Ein guter Platz war wieder unter der Tanne, wo sich die kleine Gruppe auf ausrangierten Wollpullovern drängte.

Der Winter war sehr mild gewesen, hatte im Grunde genommen gar nicht stattgefunden, weswegen die Weiden im April schon hoch standen. Ich fing früher als sonst an, mit den Tieren zu ziehen, auch wenn noch nicht alle Lämmer da waren. Die EU schrieb vor, dass nur bis Ende März Geburten im Stall stattfinden mussten. Meine Schafe hatten keine Lust mehr auf das dröge Heu, und ich würde kaum zu misten haben. Eine Win-win-Situation für uns alle.

Emili lammte, als die ganze Herde auf einer fest eingezäunten Wiese unten in der Aue stand. Ich nutzte die Weide gerne als Zwischenstation, um in Ruhe die Schafnetze ab- und an anderer Stelle wieder aufbauen zu können. Als ich die Herde holen wollte, sah ich, dass Emili abseits mit ihrem kleinen Lamm stand. Ich versuchte, mich den beiden zu nähern. Emili war aber immer noch ängstlich genug, um zurückzuweichen. Mit ihr natürlich ihr Lamm. Ich konnte nur erkennen, dass die

Nabelschnur noch nass und es ein Mädchen war. Ich freute mich sehr, denn das war eine weitere zukünftige Schafmama mit frischem Blut. Ich entschied, Emili auf der Weide zu lassen. Gunda und Frieda blieben zur Gesellschaft.

Am nächsten Tag brachte ich frisches Wasser und wollte erneut versuchen, Emilis Tochter zu begutachten. Alle Schafe lagen zusammen unter einem Kirschbaum und blinzelten träge in die Sonne. Ein guter Moment, um mich langsam zu nähern. Ich sah Gunda, neben ihr Frieda, daneben Emili. Kein weiteres Lamm. Schon schrillten die Alarmglocken, weil so kleine Lämmer sich nicht von der Mutter entfernten. Ich jagte alle hoch, da ich noch hoffte, Klein-Emili hätte sich irgendwo dazwischengedrängt. Aber Klein-Emili war nicht da. Ich fand sie nach einiger Suche im Festzaun hängend. Ohne Kopf und ohne Schwanz. Waschbär oder Fuchs, dachte ich.

Emili schien nicht im Geringsten zu trauern. Ganz im Gegenteil, sie folgte mir geradezu erleichtert und beschwingt auf die nächste Weide. Ich war irritiert. Mir hing die Trauer im Hals. Nicht nur über den Verlust eines potenziellen neuen Milchschafes, sondern auch über das so schnell erloschene kleine Leben. Ich schaute strafend auf Emili hinunter. Rabenmutter, dachte ich.

Ich war noch nicht bereit für ein Lamm. Ich wusste, ich würde es nicht schaffen, es großzuziehen. Ich war überfordert. Da war ich froh, als in der Nacht der Fuchs kam. So bin ich keine schlechte Mutter geworden, ich hätte mich sehr geschämt. Wenn das Lamm zu dir gegangen wäre, hätte ich mir jeden Tag mein Versagen ansehen müssen. Dadurch, dass der Fuchs kam, bin ich keine Versagerin geworden.

Ich war sprachlos. Aber ich begann auch darüber nachzudenken, dass es für viele Schafe vielleicht zu früh war, im ersten Jahr tragend zu werden. Ich dachte darüber nach, den Bock über den Winter und den nächsten Sommer zu separieren, damit er die jungen Schafe erst im darauffolgenden Herbst deckte.

So war der Start meiner neuen Herdenhoffnung mehr als holprig.

Gunda blieb die Ruhigste von den dreien. Als es aber an das Melken ging, stellte sich heraus, dass Gunda absolut nicht gemolken werden wollte. Sich mit den anderen sechs Schafen in das Melkgatter zu stellen war trotz Kraftfuttergabe undenkbar. Anfänglich versuchte ich sie noch, mit guten und bösen Worten dazu zu bewegen, wenigstens als Letzte den Randplatz zu belegen. Das brauchte aber so viel Zeit, dass inzwischen die anderen bereits aufgefressen hatten und ungemolken das Gatter verließen. Danach separierte ich Gunda zusammen mit Emili, dem Angsthasen, um sie zu einem anderen Zeitpunkt zu melken. Wenn die beiden alleine im Gatter stünden, so meine Theorie, könnten sie sich langsam eingewöhnen. Das gelang vier von zehn Malen, abgesehen von dem enormen zusätzlichen Aufwand. Ich trieb das Spiel ganze drei Wochen lang, dann unterdrückte ich meine Wut und Enttäuschung und stellte Gunda wieder zu ihrer Tochter Frieda.

Emili war Typ Mitläufer und reihte sich unterwürfig wieder zwischen Wanda und Maritt in das Gatter ein. Sie hatte noch nicht so viel Milch, das war aber typisch für die erste Laktation. Wenigstens ließ sie sich melken.

Ja, und Clara hatte bald gar keine Milch mehr. Ich hatte ihren Sohn mit in die Melkgruppe gestellt, damit ich ihn weiterhin zufüttern konnte. Clara kümmerte sich nicht sehr. Sie passte, da Emili wieder dabei war, aber auch nicht mehr in das Gatter, sondern stromerte von außen um die Fressbehälter, um ihren hart arbeitenden Kolleginnen das letzte Haferkorn zu stehlen. Es war ein Fest.

Selbst bei den Umtrieben zeigte sich keine Eingliederung in die Herde. Wir liefen alle zusammen los, und nach etwa zwanzig Metern sah ich aus den Augenwinkeln, wie sich Emili und Clara nach links vorne tobten. Aus vorne wurde irgendwann ganz links, und nur meine energische und wutentbrannte Stimme hielt die übrigen Schafe in der Spur. Und das auch nicht immer. Ich wusste nicht, was ich machen sollte.

An einem lauen Herbstabend ging ich mit den Hunden noch einmal zur Weide. Ich hatte die Melksaison gerade beendet und die Milchherde mit der Lämmerherde wieder vereint. Wie immer schaute ich dann nach dem Rechten. Kabbeleien um die Rangordnung schien es nicht zu geben. Allerdings war die Wiese schon runtergefressen, und alle Schafe, Fleck ganz vorn, standen erwartungsvoll am Zaun. Ich hatte die neue Herdengröße weit unterschätzt. Tja, dachte ich, da musst du wohl noch mal ran. Die Dämmerung hatte bereits eingesetzt. Ich ging daher nicht noch mal nach Hause, um Hafer zu holen. Ich setzte auf volles Risiko und hoffte, dass die Schafe lange genug warten würden, bis ich die neuen Zäune gesteckt hatte. Ich ging zum Zaungerät und klemmte die Batterie ab. Dann nahm ich einen Zaun auf, der noch auf der Nachbarwiese stand, und ging wieder zum unteren Ende, wo die Herde schon mit den Klauen scharrte. Ich hatte gerade zehn Meter gesteckt, als hinter mir das aufgeregte und sehr typische Blöken einsetzte. Natürlich hatten die Schafe nicht gewartet, natürlich waren sie durch den Zaun gegangen, und natürlich stoben sie jetzt freudig auf das frische Grün. Emili und Clara ganz weit vorn. Ich wurde böse, schmiss den Zaun von mir und begann, vor den Schafen auf und ab zu rennen, um sie wieder zurückzutreiben. Dazu brüllte ich, dass es von den Häusern hinter dem Damm nur so zurückschallte. Das Hin-und-her-Rennen auf dieser Wiese war nicht ganz ungefährlich, da riesige, halb zugewachsene Krater herausgerissener Kirschbäume zahlreiche Stolperfallen bildeten. Im Halbdunkel dauerte es auch nicht lange, bis ich in eines dieser Löcher trat, schwungvoll hinfiel und mir sehr, sehr wehtat. Ich drehte mich auf den Rücken, starrte in den Himmel und wünschte mir, ich hätte keine Schafe. Ich wünschte mir, dass ich wie andere Menschen abends einfach auf dem Sofa liegen und Tatort gucken könnte. Und ich wünschte mir, dass der Schmerz aufhörte. Letzteres wurde erfüllt, und ich stand auf. Der Ärger war verflogen, die Wut verraucht, und ich schaute auf meine Herde. Die Tiere standen noch genau so wie vor meinem Sturz da. Aber jetzt konnte ich sehen, dass sie genau in dem Areal standen, das ich einzäunen wollte. Ich musste nur das von mir weggeworfene Netz suchen und weiterstecken. Das tat ich. Und ich entschuldigte mich bei den Schafen. Dafür, dass ich sie weggewünscht hatte. Wieder einmal waren sie einen Schritt weiter gewesen, während ich in meinem Ärger und in dem Loch versunken war. Es war jetzt fast dunkel, aber ich meinte, Gunda mit den Augen rollen zu sehen. Dafür hast du aber lange gebraucht.

Die nächste Lammzeit erwartete ich mit Spannung. Zum einen hatte ich nur Paul als Deckbock eingesetzt. Ich konnte nicht sagen, ob alle Schafe tragend waren. Festzustellen war es letztendlich erst gegen Ende der Tragezeit, wenn die Euter größer wurden, denn sogar manch dicker Bauch verschwand unter der Winterwolle. Zum anderen wollte ich, dass Clara und Emili ihre Milchschaf-Qualitäten bewiesen. Denn wenn nicht, würde ich mich von ihnen trennen müssen. Auf welche Art auch immer. Um Gunda machte ich mir weniger Sorgen. Die Aufzucht von Frieda hatte gut geklappt. Und das griesgrämige Schaf war über den Winter annähernd zutraulich geworden. Einige Male schon hatte ich mich zu ihr gesetzt und ihr die Ohren gekrault. Und sie hatte es genossen.

Die Weihnachtssaison verlief gut, wir verkauften viele Seifen, obwohl ich einen großen Weihnachtsmarkt weniger gebucht hatte. Dafür regnete es immer noch ununterbrochen, und ich machte mir Sorgen. War die Wolle der Schafe nass, konnten sie die Kälte nicht gut ertragen. Der Stall bot nicht allen Tieren gleichzeitig Platz, zum Anbauen fehlte mir jetzt im Dezember die Zeit. Die Idee, Planen zu spannen, gab ich gleich auf. Der Wind pfiff derartig über die Wiese, dass mir manchmal sogar das Heu von der Gabel wehte. Aus lauter Verzweiflung bemühte ich vor dem Einschlafen noch die Onlinekleinanzeigen auf der Suche nach einer schnellen Lösung. Mir schwebte nichts Genaues vor, es musste nur stabil sein, ein Dach haben und durfte mich nicht viel Zeit kosten. Ich stolperte über die Rubrik Weidezelte. So etwas wie ein großes Partyzelt, nur stabiler und ohne Plastikfenster. Dann stolperte ich über den Ort: Witzenhausen, dann über den Anbieter. Meine Imkereifreunde aus der Nachbarstraße verkauften ein fast nagelneues Weidezelt. Das Herz schlug mir bis zum Hals, solche Angebote blieben nicht lange offen. Für den Abend war es zu spät, aber gleich am nächsten Morgen griff ich zum Telefon. Ich hinterließ eine Nachricht, dass ich unbedingt dieses Zelt würde kaufen müssen. Es war nicht billig, dafür das Beste auf dem Markt. Ein Weihnachtsgeschenk für meine Schafe und mich. Bereits zwei Tage später stand es auf meiner Wiese. Noch niemand hatte sich auf die Annonce gemeldet. Meine Freunde bauten es ab, brachten es mir und bauten es wieder auf. Sie gruben die Erdanker ein, und ich zurrte das Zeltgestänge mit Spanngurten fest. Kein Sturm würde die neue Behausung wegwehen können. Ich streute ein und holte die Schafe. Sie beäugten das grüne Ungetüm noch misstrauisch, aber mir war die Erleichterung anzusehen. Und als ich die Tiere über den Winter in dem trockenen Stroh liegen sah, wusste ich, dass sie sich freuten. Die Lammzeit konnte kommen.

Und sie kam. Mit Clara. Bei ihr war ich mir am wenigsten sicher gewesen, ob sie tragend war. Ihr Bauch war nicht wesentlich dicker geworden, ebenso wie das Euter. Sie lag viel, hatte kaum Kontakt zu den anderen Schafen. Zwei Wochen vor dem errechneten Geburtstermin verlor sie Blut. Ich wusste sofort, dass die Lämmer tot waren und ich die Föten im Laufe der Nacht irgendwo im Stall würde finden können. Clara wirkte sehr ruhig, sehr gefasst. Ich ging vor ihr in die Knie und umfasste ihr Maul. Meine Finger strichen ihr über die Nase.

Ich kann keine Verbindung aufnehmen zu den Lämmern. Es sind nicht meine Kinder. Ich will keine Lämmer, ich schaffe das nicht. Ich erinnere mich an eine dunkle Ecke in meinem alten Stall. Ich konnte den Böcken nicht entkommen. Ich hatte abgeschlossen mit meinem Leben. Hier ist es hell und warm, aber es ist nicht mein Platz. Ich kann nicht erfüllen, was du von mir erwartest. Ich fühle mich nicht wohl hier. Ich fühle mich einsam.

Ich fand die beiden Lämmer am nächsten Morgen. Noch haarlos, kleine braune Wesen. Ein Bock- und ein Mutterlamm. Sie waren schon lange tot. Clara wirkte erleichtert, wie erlöst von einer schweren Bürde. Mir hingegen wurde es schwer, denn mir war klar, dass ich sie nicht behalten konnte. Meine Trauer um die Lämmer vermischte sich mit der Enttäuschung, Clara nicht den richtigen Ort geboten zu haben. Ich tat so viel für meine Tiere, und jetzt gab es eines, dem das nicht reichte. Ich musste einsehen, dass mein Paradies nicht Claras war.

Ulrike machte den Vorschlag, für Clara einen Garten zu suchen, in dem sie nur das Gras kurz halten und keine Lämmer großziehen sollte. Ich brauchte ein wenig, um mich dieser Möglichkeit zu öffnen. Noch nie hatte ich Schafe weiterverkauft. Aber im Grunde genommen hatte Clara nie wirklich dazugehört.

Vielleicht habe ich auch schon jemanden gefunden. Eine Familie mit zwei Kindern und jeder Menge Grundstücke, die zu mähen zu anstrengend ist. Clara würde verhätschelt und betüdelt, das weiß ich, und das wäre genau das, was sie braucht.

Vielleicht wird Emili mit ihr gehen. Emili bekam vier Wochen nach Clara zwei Mädchen. Sie wirkte fast panisch im Angesicht der weißen Lämmchen, die ununterbrochen auf der Suche nach Milch waren. Ich ließ die drei länger als die anderen Kleinfamilien in der Box, damit Emili Zeit hatte, sich ihrer Aufgabe zu stellen. Ich musste ihr sehr zureden. Hielt immer wieder die Kleinen an das Euter, tränkte zu, damit sie bei Kräften blieben. Eines der Lämmer bekam eine schlimme Augenentzündung. Ich wusch mit schwarzem Tee und tropfte Augensalbe in die roten Lider. Es wurde besser, obwohl ich nicht sagen konnte, wie viel das kleine Lamm noch sah. Emili berappelte sich. Nach einer Woche war sie so weit, ihre Lämmer neben sich laufen zu lassen. Sie blieb stehen, wenn die Kleinen saufen wollten, und nachts lagen die drei aneinandergekuschelt im Stroh. Milch hatte Emili trotzdem zu wenig. Ich seufzte. Auch kein Schaf, mit dessen Nachkommen ich remontieren konnte. Emili schaute mich aus großen Augen unschuldig an. Selber noch ein Kind, das war sie. Und ich fürchtete, dass sich das nicht ändern würde.

Gunda bekam auch zwei Lämmer, einen Bock und ein Mädchen. Der Bock hatte einen kleinen grauen Fleck im Nacken, das Mädchen einen leichten Backenbart. Ich rechnete schon mit Unregelmäßigkeiten und ließ die drei wie Emili länger in der Box. Die Erleichterung darüber, dass Gunda sehr zutraulich geworden war, schmälerte meinen Unmut darüber, dass auch sie zu wenig Milch hatte. Ich hielt ihre Lämmer an das Euter, aber nur das Mädchen war von Anfang an kräftig genug, sich selbst zu versorgen. Kurz dachte ich sogar, der kleine Kerl würde sterben. Aber er kam wieder zu sich. Und ich sagte mir, dass es auf die Milch, die ich jetzt noch zusätzlich anrühren musste, auch nicht mehr ankäme. Als es auf die Wiese und zu den ersten grünen Spitzen ging, ließ Gunda ihre Lämmer oft im Stall zurück. Ich schloss mit ihr ein Abkommen. Sie würde ihre Lämmer nicht verstoßen, dafür gäbe es ab und an ein trockenes Brötchen. Irgendwo in der Mitte haben wir uns getroffen. Gunda war einfach müde. Verlebt durch ein hartes Leben.

In meiner alten Herde mussten wir funktionieren. Das Melken war ein Übergriff für mich. Es ist mir unangenehm. Wenn ich nicht wollte, wurde ich gezwungen. Und du wolltest doch nur dasselbe. Ich fühlte mich von dir betrogen. Mich nicht von dir melken zu lassen war meine einzige Möglichkeit für meine persönliche Freiheit. In meiner alten Herde war ein Schaf mehr oder weniger egal. Hier haben wir einen Namen. Das ist anstrengend. Aber ich will bleiben. Ich will hierbleiben. Sei nicht so streng mit uns!

Einen Namen zu bekommen war anstrengend? Für mich war es eine Anerkennung, eine Aufnahme in meine Herde. Aber sicher, es war nicht mehr möglich, sich in einer großen Masse zu verstecken. Ich sah jedes einzelne Schaf mit all seinen Vorzügen und Macken. Ich redete, ich kraulte und ich schimpfte, manchmal stundenlang. Ich war immer davon ausgegangen, dass meine Tiere das schön fanden. Auf die Idee, dass es ihnen mehr abverlangen könnte als anderen Schafen, war ich nie gekommen. Ich musste akzeptieren, dass es nicht für alle Schafe, die zu mir kamen, einen Platz in meiner Herde gab. Meinem Stolz auf meine jahrelang gewachsene Herdenführung versetzte das einen gehörigen Dämpfer. Bis mir auffiel, dass immer nur dann diese Tiere zu mir gekommen waren, wenn ich nicht meiner Wahrnehmung gefolgt war.

Die beiden Othellos hatte ich übernommen, nachdem sie bereits auf dem Betrieb gedeckt hatten. Ich hatte sie mir nicht angesehen, sie waren da und zu verkaufen. Veit ebenso. Paul Eins, Gunda, Emili und Clara hatte ich gekauft, während mich mein eigenes Leben mit dem jungen Schäfer einer verlässlichen Wahrnehmung beraubt hatte. Nur Paul Zwei hatte das Geschehen selbst in die Hand genommen. Er wartete auf mich und zeigte mir deutlich, dass er zu meinen Schafen gehören wollte. Ich musste mich nicht sehr anstrengen, um das zu sehen.

Allerdings glaube ich mittlerweile, dass auch all die anderen zu mir wollten. Ich denke, sie wussten, dass ich mich um sie kümmern würde. Wie auch immer das aussehen sollte. Vielleicht war Paul Zwei nur aus dem einen Grund zu mir gekommen, um in Ruhe sterben zu können. Und wer anderes als ich würde für Emili und Clara einen Garten suchen, in dem sie nur sie selbst sein dürfen?

Ich hoffe nicht, dass sich in Schafkreisen herumspricht, dass sich die Tiere bei mir selbst verwirklichen können. Dass ich schon ein nettes Plätzchen finde, wenn es mit den Anforderungen nicht so klappt. Ich lege großen Wert darauf, nach wie vor einen landwirtschaftlichen Betrieb zu führen. Aber wenn ich dem einen oder anderen als Sprungbrett in ein neues Leben dienen kann, dann werden wir das auch noch schaffen.

APRIL: FIPS
ODER DAS ENDE IM ANFANG

Ich habe wohl kaum Lämmer jemals so sehnsüchtig erwartet wie die letzten beiden von Ronja. Überschattet von meinen nicht enden wollenden Schuldgefühlen, im letzten Jahr Ronja dem Fuchs ausgesetzt zu haben, war ich in großer Sorge, ob sie in ihrem Alter die Geburt gut überstehen würde. Es war der milde Winter 2013/14, und der Großteil der Herde weidete schon auf der grünen Wiese. Es war immer schwer, die Tiere im Stall zu halten, wenn drum herum der Frühling ausbrach. Daher wollte ich nur die Schafe in den Wagen bringen, von denen ich meinte, dass sie innerhalb der nächsten zwei Tage lammen würden. Mit Ronja waren das Emma, Maritt, Johanna und Fleck. Alle fünf waren mir am Morgen hierher gefolgt und lagen jetzt träge in der Sonne. Es schien alles ruhig zu sein, niemand sonderte sich ab und scharrte ein Nest in das Stroh. Ich fuhr nach Hause. Am Nachmittag kam ich mit frischem Wasser und erblickte ein wahres Lammgewusel. Alle fünf Schafe hatten in den letzten vier Stunden gelammt. Soweit ich erkennen konnte, gab es viermal Zwillinge, von Johanna wie immer Drillinge. Und Ronja hatte wieder ein braunes Lamm bekommen. Rosalie. Ich freute mich unbändig. Die Schreckensbilder des letzten Jahres verblassten mehr und mehr. Neben Rosalie stand noch ein Lamm, schneeweiß und gelockt, kläglich blökend. Ich ging näher heran und langsam in die Knie. Konnte es sein? Es war, als würde ich in das junge Gesicht von Pipilotta blicken.

Ronja hätte eigentlich von Nero gedeckt werden sollen. Der junge Schäfer und ich hatten die Herde geteilt, die damals zusammen mit seinen Schafen sehr groß gewesen war. Zu den Schafen, die wir molken, stellten wir Paul. Meine anderen, auch die Jährlinge, die wir zur Herdenvergrößerung behalten hatten, sollte Nero decken. Für den Rest hatte der junge Schäfer einen reinrassigen Rhönschafbock gekauft. Mein Rhönschaf Henriette war kurzfristig in die dritte Herde übergesiedelt. Ich kümmerte mich um die Milchschafe, der junge Schäfer um die anderen beiden Gruppen.

Es kam die Zeit, dass es zwischen uns anfing zu kriseln. Entgegen meinem Gefühl überließ ich ihm dennoch die Hälfte meiner Schafe. Ich meinte, dadurch nicht noch mehr Öl in das Feuer zu gießen. Ich war sehr früh aufgestanden, es war ein Wochenende im Herbst, Lilli bei ihrer Großmutter. Die Sonne schien, und ich setzte mich auf das Fahrrad, um erst «meine» Gruppe zu versorgen und dann eine Runde durch den Wald zu fahren. Die Arbeit bei den Schafen dauerte nicht lange. War das Melken erst vorbei und die Stallsaison noch nicht angebrochen, gab es nicht mehr zu tun, als täglich ein oder zwei Netze umzustecken. Ich fuhr also los, ein Stück des Fahrradweges, bevor es irgendwann auf die Waldwege ginge. Ich kam gerade über eine Hügelkuppe gerollt, als am Ende des Weges drei Gestalten auftauchten. Erst dachte ich an eine Gruppe Kinder mit Hund. Aber auf ein paar hundert Meter herangefahren, erkannte ich drei meiner Schafe. Fleck, Lotte und Ronja kamen mir schnellen Schrittes entgegen. Mein Herz setzte einen Moment aus. Ich wusste, von wo sie losgelaufen waren. Es war fast die Strecke, die Nero ein Jahr später nehmen würde, um zu der alten Stadtmauer zu gelangen. Der Anblick rührte mich zu Tränen. Meine Schafe wollten nach Hause.

Sie folgten mir ohne Umschweife zu der Gruppe der Milchschafe. Ich öffnete den Zaun, und es gab ein freudiges Wiedersehen. Ich glaube, Paul freute sich am meisten. Erst dann machte ich mich auf, den Rest der Nero-Herde zu kontrollieren. Später bat ich den jungen Schäfer, die Truppe auf eine große und fest eingezäunte Weide zu bringen. Die Schafe schienen schon vor mir zu wissen, dass unsere Beziehung auseinandergehen würde. Und ich beschloss, ihnen zu vertrauen.

So kam es, dass Ronja Pauls Kinder auf die Welt brachte, die ich sofort entschied zu behalten. Rosalie und ihre Schwester Fips, in der ein Teil ihrer Urgroßmutter Pipilotta zurückgekehrt war.

Ich ließ die fünf frischen Schafmamas erst einmal in Ruhe. Ich wollte die Zäune für die andere Gruppe auf der Weide umstecken. Als ich eine Stunde später wieder zum Stall fuhr, fiel mir auf, dass Ronja nur Rosalie bei sich führte. Fips lief bei Maritt mit, die aber ihrerseits schon zwei Böckchen zu versorgen hatte. Ich hatte kein gutes Gefühl, aber ich wollte, dass Fips bei ihrer richtigen Mutter blieb, und sperrte Ronja und die beiden Mädchen in eine Box. Ich wusste nicht, ob das jetzt noch etwas bringen würde. Die Bande zwischen Mutterschaf und Lamm waren schnell zerstört, wenn in oder kurz nach der Geburt etwas dazwischenkam. Ich probierte es trotzdem. Ich fuhr an diesem Tag bis spät in die Nacht zum Stall, um zu sehen, ob Fips trinken konnte. Es sah nicht so aus. Traurig stand sie in einer Ecke des Wagenabteils. Um zehn Uhr abends entschied ich, sie mit in den Kindergarten unter der Tanne zu nehmen. Ich wollte nicht böse sein auf Ronja, aber ich verstand noch nicht, was los war.

Fips war und blieb traurig. Sie fand sich nicht richtig ein in die Gruppe der Flaschenlämmer, die unter der Tanne wohnten. Wenn ich mit dem Milcheimer und der Flasche kam, stand sie immer etwas abseits, traute sich nicht vorbei an den sich drängenden Lämmern. Oft musste ich sie mit einem schnellen Griff packen, damit sie überhaupt etwas trank. Sie tat mir so leid, ausgerechnet sie, der ich mich von Anfang an so verbunden fühlte.

Ich bin traurig. Die Traurigkeit in mir ist sehr groß. Meine Mutter konnte nur eine von uns großziehen. Sie hat schon sehr früh entschieden, wer von uns bleiben darf und wer gehen muss. Aber sie hat uns gar nicht richtig angesehen. Sie hat mich verstoßen, ohne mich einmal anzusehen. Ich fühle mich allein und einsam. Ich habe keine Familie. Aber ich will das Leitschaf werden. Ich schaffe das. Wenn ich groß bin, werde ich deine Herde anführen.

Ich konnte Ronja nicht böse sein. Sie hatte gewusst, dass ihre Kräfte nicht mehr für zwei Lämmer reichen würden, und hatte getan, was die Natur vorgab. Ich konnte auch verstehen, dass sie ihre Wahl blind getroffen hatte. Wie hätte sie sonst entscheiden können, welches Kind sterben muss und welches leben darf?

Wieder sah ich all die Lämmer vor mir, denen ich schon die Mutter ersetzt hatte. Einige waren nicht angenommen worden wie Fips. Bei anderen hatte die Mutter zu wenig Milch, und nur das größere und stärkere Lamm konnte sich holen, was da war. Bei einigen hatte ich aber entschieden, sie von der Mutter zu trennen. Drillingsgeburten waren nicht so häufig, kamen aber vor. Johanna hatte immer Drillinge. Sie gab auch viel Milch und würde vielleicht sogar alle drei Lämmer ernähren können. Ich wollte aber keine Drängelei am Euter, wollte nicht ständig aufpassen, ob die Lämmer gleichmäßig wuchsen. Und ich wollte Johanna nicht überanstrengen. Dieses Jahr nahm ich den kleinen Bock mit zu mir. Zwei Mädchen ließ ich ihr, denn die beiden sollten bleiben und in zwei Jahren die Nachfolge ihrer Mutter antreten. Ich bat beide um Vergebung, Mutter und Sohn, bevor ich den kleinen in mein Auto brachte. Er und Merles zweiter Sohn würden die nächsten Tage in einer Kiste neben den Hunden wohnen.

Merle hatte einen Tag vor Johanna gelammt. Es musste in der frühen Nacht gewesen sein, denn als ich am nächsten Morgen die beiden Böckchen fand, war die Nabelschnur schon eingetrocknet. Eines der beiden hatte eine seltsame Beule am Hals. Ich hatte so etwas noch nie gesehen. Vorsichtig tastete ich den Hals ab, es fühlte sich an wie zusätzlich gewachsenes Gewebe. Der Kleine trank schon, und anatomisch schienen Luft- und Speiseröhre in Ordnung zu sein. Das zweite Lamm schien normal gewachsen, nur ... Merle nahm es nicht an. Das hatte ich auch noch nie gesehen. Normalerweise kümmerten sich die Mütter um die Lämmer, die die größeren Überlebenschancen hatten, nicht um die kranken. Ich entschied für Merle und nahm den kleinen Beulenhals an mich. Dann sperrte ich Mutter und gesunden Sohn in die Ablammbox. Sofort versuchte der Kleine an das Euter zu gelangen. Aber Merle stieß ihn weg, mit einer solchen Wucht, dass das Lamm gegen die Wand flog. Ich richtete das Lamm wieder auf, körperlich war ihm nichts geschehen. Ich sah ihm aber seine Verwirrung an. Was konnte ich nur tun? Ich erinnerte mich, in meinem Homöopathiebuch für Schafe über einen Schäfertrick gelesen zu haben. Um den Mutterinstinkt anzuregen, sperrte man Mutterschaf und Lamm in eine Box und band den Hütehund für ein paar Stunden an die Tür. Das Schaf würde sein Lamm verteidigen wollen und es im besten Falle annehmen. Ich holte Nelson. Weder Nala noch er waren Hütehunde, aber ich konnte nur mit den vorhandenen Möglichkeiten arbeiten. Ich zog ihn in das Abteil, wo er sich unglücklich und mit hängenden Ohren in eine Ecke setzte. Er hatte Angst, das sah ich, und fortwährend bezirzte ich ihn, noch ein wenig sitzen zu bleiben. Der Trick schien zu funktionieren. Merle stampfte mit den Füßen und ging mit nach vorne gestellten Ohren auf den Hund zu. Nelson fletschte in seiner Panik die Zähne und schnappte in die Luft. Merle wich zurück und stellte sich vor ihr Lamm. Ich gratulierte Nelson und entließ ihn aus dem Abteil. Ein paar Stunden, wie es das Buch vorschlug, würde er nicht aushalten. Kaum war der Hund aber fort, wand sich Merle wieder gegen das Lamm und warf es in hohem Bogen durch die Luft. Es hatte keinen Sinn. Ich nahm den gesunden kleinen Kerl und gab Merle den Bock mit der Beule am Hals zurück. Zufrieden brummelte sie und ließ ihren Sohn trinken. Der Verstoßene stand unter Schock, das konnte ich sehen. Ich nahm in auf den Schoß und hielt ihn eine Zeitlang, bis sein Atem sich etwas beruhigt hatte. Das Herz wurde mir in diesen Momenten sehr groß. Wenigstens würde er nicht alleine sein. Und Nelson nahm sich in der sicheren Umgebung seiner Hundedecke gerne der kleinen Lämmer an, indem er sie hingebungsvoll ableckte. Ich versprach, ihn nie wieder für den Schäfertrick zu missbrauchen.

Am Abend saßen zwei kleine Böcke in einer Kiste mit Sägespänen am Ofen. Ich würde sie nur so lange hierbehalten, bis sie sich an die Flaschentränke gewöhnt hatten. In ein paar Tagen würde ich sie zu der Herde zurückbringen.

Fips und den Lämmergarten brachte ich erst sehr viel später zurück. Ich wusste, dass ich es nicht mehr als dreimal am Tag schaffen würde, mit der Milch auf die Weide zu fahren. Schnell würde es sogar nur noch zwei Tränkezeiten geben. Ich wollte ausprobieren, ob es den Lämmern besserging, wenn ich ihnen sechs- bis achtmal am Tag die Flasche gäbe, so wie sie natürlicherweise bei der Mutter tranken. Alle zwei Stunden rührte ich die Milch an und ging zur Tanne, wo die muntere Schar mich schon erwartete. Lämmer zu tränken machte mir nur in den ersten Tagen wirklich Spaß. Hatten die kleinen Biester erst einmal verstanden, dass ich die Quelle ihrer Nahrung war, gab es ein fürchterliches Gerangel um den ersten Platz an der Flasche. Ich musste die Lämmer einzeln über den Zaun heben, damit jeder zu seinem Recht kam. Der Rest drängelte und türmte sich übereinander, wahrscheinlich in der Befürchtung, ganz sicher zu verhungern. Es dauerte immer länger, die Meute zu versorgen, und bald hatten wir uns auf fünf Mahlzeiten am Tag geeinigt. Die Lämmer wuchsen gut. Aber mir fiel auf, dass das zunehmend wachsende Gras um sie herum sie nicht im Geringsten interessierte. Sie fraßen nicht. Und eigentlich fingen Lämmer schon am zweiten oder dritten Tag ihres Lebens an, wie ihre Mütter an den Halmen zu knabbern. Ihnen fehlte das Vorbild. Hier gab es kein erwachsenes Schaf, dem sie nacheifern konnten. Und ich würde mit Sicherheit diese Funktion nicht übernehmen können. Ich überlegte, ein Mutterschaf in den Garten zu holen. Aber ein Tier zu diesem Zweck aus dem Herdenverbund zu reißen schien mir nicht richtig. Ich vermischte etwas Hafer mit Milchpulver, um mit einem bekannten Geruch und Geschmack das Fressen zu animieren. Das funktionierte aber auch nicht. Schlussendlich überlegte ich, dass der Effekt beider Aufzuchtmöglichkeiten derselbe sein musste. Entweder tranken die Lämmer seltener, begannen aber früh zu fressen, oder aber sie tranken mehr und fraßen gar nicht. Letzteres war auf jeden Fall die teurere Variante. Nach drei Wochen lud ich den Lämmergarten in mein Auto und brachte die kleinen zur Milchschafherde. Hier würden sie in Ruhe lernen, was es hieß, Gras zu fressen. Hier konnte ich sie besser überwachen und, wenn die Milchschafe im Gatter standen, ihnen Hafer füttern, ohne dass sich 15 weitere Schafe auf die Leckerei stürzten.

Die kleine Truppe fand nur schwer den Anschluss an die Herde. Ein weiterer Punkt, den ich nicht beachtete hatte, als ich den Lämmergarten unter der Tanne gründete. Drei Wochen waren offenbar eine zu lange Zeit, um die Verbindung zum großen Ganzen zu halten.

Dafür begann Fips sich, immer wenn ich die großen Schafe molk, zwischen meine Beine zu stellen. Sie rieb ihren Kopf an meinen Knien und zupfte an der Hose. Ich strich ihr immer, wenn ich eine Hand frei hatte, über Kopf und Ohren. Ich mochte sie wirklich sehr. Der Gedanke, dass Fips irgendwann das Leitschaf sein würde, gefiel mir. So viel Selbstvertrauen hatte eine Chance verdient.

Aber bis dahin würde es noch ein weiter Weg sein. Fips wuchs heran, und mir ihr sollten noch sechs Lämmer bleiben. Elsa, die Tochter von Wanda, Schnee von Johanna. Dann Viola, die reinrassige Tochter von Henriette und dem Rhönschafbock. Frieda natürlich. Und Rosalie, Fips' Schwester.

Als die Deckzeit kam, mussten die sechs aus der großen Herde raus, damit Paul sie nicht erwischen konnte. Ich suchte eine Wiese aus, die zu der Zeit noch genügend Aufwuchs hatte und groß genug war, dass ich die Mädchen dort wenigstens drei Wochen zäunen konnte. Ich konnte ihnen kein Altschaf zur Seite stellen, dem sie folgten, und ich war mir nicht sicher, ob sie mir und meinem Ruf und dem Hafereimer schon folgen würden. Das Umzäunen klappte sehr gut. Ich verbrachte viel

Zeit bei den Mädchen. Es war das erste Mal, dass ich Töchter meiner Schafe behielt. Fips war immer noch die Zutraulichste. Auf ihr ruhte meine ganze Hoffnung, wenn ich in ein paar Tagen am Acker vorbei zum Steilhang würde ziehen müssen. Aber Fips plante schon einen Probelauf.

Es war der dickste Nebel, den ich je über der Werra hatte hängen sehen. Die ganze Aue war weiß und undurchdringlich. Ich machte mit dem Fahrrad, dem Anhänger und den Hunden meine Morgentour und fuhr als Letztes zu den Mädchen. Erst etwa drei Meter vor der Weide konnte ich den Zaun erkennen. Und dahinter: nichts. Keine Fips, keine Rosalie, niemanden. Das Zaungerät war noch angeschlossen, ein Teil des Zaunes lag aber am Boden. Das war ein Zeichen dafür, dass etwas die Tiere so erschreckt hatte, dass sie trotz des Stromes ausgebrochen waren. Ich fing an zu rufen, wusste aber, dass mir niemand antworten würde. Das Rufen hatten wir noch nicht geübt. Ich ging ein paar Meter in jede Richtung, sah aber ein, dass es bei diesem Nebel keinen Sinn hatte. Ich würde warten müssen, bis ich wieder etwas sehen konnte, und hoffte, dass die sechs nicht in die Werra gestürzt waren.

Am späten Mittag war es so weit, der Nebel hatte sich gelichtet, und die Sonne schien. Diesmal kam ich mit dem Auto, ich würde gleich in die Rhön fahren und Lilli aus dem Oma- und Vaterwochenende abholen müssen. Ich parkte neben dem noch liegenden Zaun und stieg aus. Die Suche einleitend, rief ich mein typisches Kooooommm, her, Koooommmm!, und noch während das letzte Koooommmm! verhallte, schoss Fips aus einer Kirschplantage 100 Meter weiter oben, sechs Schafe im Schlepptau. Ich musste lachen, so gequält blickte sie drein. Der erste Job als Leittier und schon gescheitert, schien ihr Blick zu sagen. Du hast das wunderbar gemacht, sagte ich ihr. Komm, wir gehen gleich weiter!

Am Tag zuvor hatte ich die Netze am Steilhang gesteckt. Die Schafe waren bestimmt so müde von ihrem Ausflug, dass sie mir ohne Zwischenfälle folgen würden. Das taten sie, und ich war versucht, einen kleinen Umweg zu machen. Fips strengte sich so an. Aber die Zeit drängte, ich musste los. Ich holte noch das Zaungerät und musste feststellen, dass die Batterie nicht mehr viel hergab. Das hätte ich mir denken müssen. Aber jetzt heimfahren und eine frische holen? Nein, die Schafe waren müde, die würden sich heute keinen Zentimeter mehr bewegen. Und in vier Stunden wäre ich wieder hier. Ich fuhr los.

Kurz bevor ich bei Lilli und Oma ankam, klingelte das Telefon. Michali, ebenfalls Schafhalter und ehemaliger Student, stand an der Ausfahrtstraße von Witzenhausen Richtung Osten. Mitten auf der Straße standen Fips, Rosalie und Co. Noch während ich mit Michali sprach, klopfte eine unbekannte Nummer an. Das konnte nur die Polizei sein. Ich lenkte das Gespräch um und erklärte dem freundlichen Beamten, dass bereits Hilfe vor Ort war. Zurück zu Michali, dem ich erklärte, dass ich zwei Autostunden entfernt in der Rhön war und er jetzt bitte die Schafe in den Stall treiben müsste. Eine dritte Nummer klopfte an. Eine Studentin, die kurioserweise so hieß wie zwei meiner Schafe, war mit ihrem Hund unterwegs und hatte gerade von der anderen Seite den Lämmertross auf der Straße erblickt. Ich schickte sie zu Michali. Wie er mir erklärte, lag das Problem darin, dass die Tiere sich keinen Zentimeter von der Stelle bewegten. Aber Michali hatte selbst Ziegen und Schafe, einen Hütehund und jede Menge Erfahrung. Wenn jemand in diesem Augenblick die Situation retten konnte, dann er.

Die Straße, an der sich das ganze Drama gerade abspielte, war von Anfang an Dreh- und Angelpunkt meines Weidemanagements. Sie teilte meine Flächen in jenseits und diesseits, und wenn ich mit den Schafen ins Jenseits musste, brauchte es mindestens zwei weitere Personen, die den Verkehr kurzfristig zum Erliegen brachten. Die Straße führte sehr lange und sehr gerade einen Berg hoch, bevor sie in einer sehr engen S-Kurve sehr steil den Berg wieder hinunterging. Die meisten Autofahrer, meistens Lastkraftwagen, versuchten auf der langen Geraden die Zeit einzusparen, die sie die enge Kurve hinunter wieder kosten würde. Ein paar Schafe standen da wirklich ungünstig im Weg.

Direkt an dieser Straße hatte ich vor ein paar Jahren eine Wiese zur Beweidung bekommen. Sie war sehr groß und schön rechteckig, sodass das Zäunestecken nicht sehr schwer war. Auf ihr standen viele hohe Kirschbäume, die aber zusehends verfielen und deren Äste ab und an auf die Weide fielen. Mein allererster Impuls damals war, entlang der Straße einen Festzaun zu ziehen. Das war aber dem Besitzer nicht recht, und so war jede Beweidung mit einem gewissen Nervenkitzel verbunden. Sogar die örtliche Polizei fuhr vorausschauend dort entlang, wenn sie meine Schafe weiden sah.

Als ich das erste Mal mit Zaun und Tier dort anrückte, kontrollierte ich alles dreimal, bevor ich wieder heimfuhr. Steckte keine der stromführenden Litzen im Boden, waren alle Zäune ordnungsgemäß miteinander verbunden? War die Batterie geladen? War das Zaungerät richtig geerdet? Und vor allen Dingen: War es eingeschaltet?

Pipilotta war damals das Leittier und schritt mit ihrer Herde den neuen Weidegrund ab. Die Straße mit ihrem hohen Verkehrsaufkommen schien sie nicht weiter zu tangieren, das Gras schmeckte offenbar gut, und bald lagen alle Schafe satt und zufrieden unter den Bäumen. Mein abendlicher Hundespaziergang führte mich ein letztes Mal zur Kontrolle zu der Wiese, und ich beschloss, dass alles in Ordnung war, und ging ins Bett. Um halb vier Uhr morgens klingelte das Telefon, das ich aus genau diesem Grund nachts nie ausschaltete. Ich stand sofort senkrecht im Bett. Ich wusste, es war die Polizeistation, ich wusste, dass es um die Schafe an der Straße ging. Ich hatte recht und stürzte in Schlafanzug und Gummistiefeln zum Auto. Bilder von zertrümmerten Tieren und sich überschlagenden Autos spukten mir durch den Kopf. Ich war in 30 Sekunden da. Die Blaulichter der Polizeistreife, die die Situation im Griff zu behalten suchte, leuchteten mir entgegen. Ich griff nach der Taschenlampe und lief auf die Wiese. Da lagen sie. Pipilotta, Wunibald, Silka und alle anderen. Schläfrig blinzelten sie in das Scheinwerferlicht. Wie erleichtert ich war. Ich stützte mich auf die Knie, um mein rasendes Herz zu beruhigen. Schon kam der erste Polizist, dem ich mit einem strahlenden Lächeln erklären konnte, dass es sich nicht um meine Schafe handelte, die da auf der Straße standen. Er war verblüfft und wohl auch ein wenig enttäuscht, dass der Fall jetzt doch nicht so schnell gelöst war. Das Adrenalin in meinen Adern ließ mich übermütig werden, und so bot ich um kurz vor vier Uhr morgens meine Hilfe an. Wohl wissend, dass es meine Schafe hätten sein können, die dort drüben standen.

Ich kannte die fremden Tiere. Sie wohnten ein gutes Stück den die Straße kreuzenden Fahrradweg hinunter auf einer fest eingezäunten Wiese und gehörten einem Halter aus dem Nachbardorf. Leider ließen sie sich weder locken noch lenken. Der Besitzer war aber schon auf dem Weg, und so verabschiedete ich mich nach einer halben Stunde. Langsam wurde ich müde. Die Polizisten bedankten sich aufrichtig, und insgeheim hoffte ich, dass sie beim nächsten Ausbruch meiner Schafe wieder genauso freundlich wären. Jahre später fragte ich einen von ihnen, ob sie das dauernde Tiereeinfangen nicht ärgern würde. Er lachte und meinte, dafür würden sie eben in einer ländlichen Gegend arbeiten. Schafe seien auch nicht so schlimm, Pferde weitaus anspruchsvoller.

Bestimmt acht-, neunmal musste ich in den folgenden Jahren anrücken, um meine Schafe an dieser Stelle wieder einzufangen. Mal funktionierte das Weidegerät nicht, mal hatte ich ein Loch im Zaun übersehen. Mal standen schon junge Leute auf dem Weg in die Disco am Straßenrand und wedelten hektisch mit den Armen. Die Frage «Beißen die auch nicht?» zeigte mir aber, dass konstruktive Hilfe nicht zu erwarten war. Mal stand die Lehrerin meines Kindes dort, die auf der Durchfahrt zum Tanz zufällig im rechten Augenblick vorbeigefahren war. Und einmal noch waren es Fremdschafe, die sich in das Straßenabenteuer gestürzt hatten.

Was mich weitaus mehr ärgerte als die gelegentlichen nächtlichen Ausflüge, war, dass die exponierte Lage der Wiese meine Mitmenschen zu zahlreichen Diebstählen animierte. Es verschwanden Autobatterien, die das Zaungerät speisten, Wasserbehälter, aus denen die Tiere tranken, sogar Salzlecksteine, die es schon für ein paar Euro zu kaufen gab. Am schlimmsten traf mich der Verlust von vier Steckgattern, die ich – das musste ich mir eingestehen – in überaus naivem Vertrauen dort hatte stehen lassen. Einiges konnte ich wegräumen, anderes, wie die Batterien, musste bleiben. Mindestens zwei der Ausbrüche waren auf eine fehlende Stromquelle am Apparat zurückzuführen gewesen. Wenigstens war das Zaungerät selbst nie entwendet worden. Der Ersatz dieses dringend notwendigen Zubehörs schlug schnell mit ein paar hundert Euro zu Buche.

In den letzten Jahren haben die Diebstähle nachgelassen. Ich kann nicht erklären, warum, hoffe aber, dass es noch lange so bleiben wird.

Michali brachte damals alle Jungschafe wohlbehalten in den

Stall zurück. Ich habe ihn nie gefragt, ob es Schwierigkeiten gab. Wohl weil mir die Angelegenheit schon unangenehm genug war. Umso großartiger war nämlich sein Einsatz, weil er seine Tiere jetzt im Dunkeln umstellen musste. Ich schickte ihm ein paar Tage später eine Flasche Wein.

Fips und die anderen Mädchen ließ ich zur Strafe bis zum nächsten Mittag im Stall stehen. Ohne Heu. Ich disponierte meine ganze Weideplanung um und brachte die Ausreißer auf eine fest eingezäunte Wiese mit dickem Schloss am Tor. Hier kamen sie nur raus, wenn ich es wollte. Ich war nicht böse auf Fips. Sie war sehr, sehr jung, und ihre guten Absichten verbargen nicht, dass sie noch viel lernen musste.

Als ich die Decksaison beendet und Paul wieder in sein Bockexil geschickt hatte, kamen die sieben Mädchen zurück in die große Herde. Ich hoffte sehr, dass Fips dieses Mal schneller Anschluss fand. Das Gras wurde immer kürzer, die Temperaturen niedriger, und Mitte Dezember brachte ich die Schafe zum Stall. Solange das Wetter nicht durchgehend regnerisch oder verschneit war, zäunte ich Areale um den Wagen und das Zelt ein, damit die Schafe sich die Füße vertreten und das Heu mit ein paar frischen Halmen aufwerten konnten. Wenn es im März immer sonniger und wärmer wurde, standen auch mehr Schafe am Zaun, um möglichst als Erste die neue Fläche zu betreten. Viele hatten schon ihre Lämmer dabei, daher machte ich mir keine Sorgen um einen Ausbruch. Ich steckte in aller Seelenruhe meine Netze. Genauso seelenruhig schritt auf einmal Fips an mir vorbei. Ich drehte mich um und sah schon die nächsten sich durch den Zaun heddern. Mit meiner üblichen Taktik – schreien, rennen und wedeln – scheuchte ich die Mamas zurück. Nur Fips interpretierte den wilden Tanz als Aufforderung zum Spiel und hüpfte, den bewollten Schwanz schwingend, vor mir her, was mich innerhalb von Sekunden auf 180 brachte. Ich schrie noch lauter. Dann atmete ich tief durch und steckte die Zäune fertig. Bevor ich ging, ließ ich es mir nicht nehmen, Fips noch eine gehörige Standpauke zu halten. So nicht, meine Liebe, dachte ich.

Es passierte noch zweimal, dass Fips beim Umzäunen als Erste über den Zaun sprang. Ich war jedes Mal traurig und wütend zugleich. Traurig, weil ich dachte, zwei Zaunspringer hält die Herde nicht aus. Wütend, weil ich Fleck gerade so akzeptieren konnte und jetzt ein zweites Schaf so augenscheinlich meine Autorität untergrub.

Nach dem vierten Zaunsprung war meine Geduld am Ende. Mit Fips war Johanna über den Zaun gegangen, weit weniger elegant, aber nun standen zwei Schafe am Wegesrand. Die beste Freundin der aktuellen und das zukünftige Leitschaf. Ich kochte vor Wut. Um mich abzureagieren, scheuchte ich die beiden ein wenig hin und her. Johannas Lämmer stoben auf der Innenseite des Zaunes ebenfalls hin und her, was Johanna irgendwann unglücklich anhalten ließ. Fips versteckte sich hinter dem großen Schaf, aber zu greifen bekam ich keine von beiden. Irgendwann sprang Fips in einem perfekten Bogen zurück auf die Weide. Jetzt reicht es, dachte ich, heute lass ich dich nicht davonkommen. Ich griff zu unlauteren Mitteln und holte einen leeren Hafersack. Der bot dank seiner Größe und Farbe immer noch genug Anreiz für die Schafe, zu mir zu laufen, Fips vorneweg. Ich ließ den Sack fallen und griff blitzschnell in ihre Wolle. Ehe sie überhaupt wusste, was ihr geschah, hatte ich sie auf den Rücken geworfen und mich auf sie gekniet. Grimmig schaute ich in ihre Augen. Und erkannte in dem Augenblick, dass ich vollkommen überreagierte. Fips verstand überhaupt nicht, was sie falsch gemacht hatte. Ich stand wieder auf und entließ sie aus der Unterwerfung. Eilig zottelte sie ein paar Meter von mir weg und blieb dann stehen. Unsicher blickte sie mich an. Genau so unsicher wie einst Pipilotta, als ich sie von Berta weg in eine fremde Herde gebracht hatte. Und da verstand ich. Fips war ohne Mutter aufgewachsen. Sie hatte sich ihr ganzes Leben lang an anderen orientieren müssen, weil sie niemanden hatte, der ihr zeigte, was richtig und falsch war. Und natürlich hatte sie sich ihre Idole gesucht. Fleck. Johanna. Wanda. Ich hatte Fips viel bei Fleck stehen sehen. Oft waren sie nebeneinander über die Wiese geschritten. Nur hatte Fips noch nicht verstanden, dass über den Zaun zu springen in meinen Augen gänzlich uncool war. Fleck schon. Sie tat es zwar immer noch, aber sie hatte eingesehen, dass mich manche Ausflüge in Teufels Küche bringen konnten.

Wie so oft verschwand mit der Einsicht der Zorn. Ich packte meinen leeren Hafersack und schlich von der Wiese.

Ich hoffe, dass Fips mir verziehen hat. Ich hoffe, dass Fleck ihr die Sache mit dem Zaunspringen noch einmal erklären wird. Denn ich mag Fips immer noch sehr. Wir wären ein gutes Gespann, wir beide. Denn ein wenig wäre es dann so, als würde ich wieder mit Pipilotta über die Wiesen ziehen.

EPILOG

Vor genau einem Jahr erreichte mich eine E-Mail des Rowohlt Verlages. Meine zukünftige Lektorin fragte mich, ob ich mir vorstellen könnte, über meine Schafe und mich ein Buch zu schreiben. Auslöser war der Artikel in einer der größten Frauenzeitschriften des Landes, der kurz vor Weihnachten erschienen war. Ich hielt das zunächst für einen Scherz. Meine Recherche – Onlinesuchmaschine – über den Absender der Mail bestätigte mir aber, dass es sich tatsächlich um eine seriöse Anfrage handelte. Ich dachte, wen interessiert mein Leben? Es kam zu einem ersten Telefonat, zu einem ersten Treffen. Ich putzte und räumte auf, entfernte die Nachwehen der Weihnachtssaison. Das Auto schaffte ich nicht mehr, weshalb ich darum bat, mit dem Taxi vom Bahnhof zu mir zu fahren. Das Taxi kam nicht. Ich dachte: Was soll's?, breitete Handtücher über die Sitze, auf denen sich immer Stroh- und Erdreste befanden, und holte Susanne und ihre Kollegin selbst. Die beiden erwiesen sich als überaus unerschrocken. Wir fuhren gleich auf die Weide, ich wollte zuerst die Hauptakteure der potenziellen Geschichte vorstellen. Meine Schafe zeigten sich von ihrer besten Seite, die Begeisterung war groß. Ich war aufgeregt. Später, bei Limonade und Biokeksen, redete ich zu viel und zu laut, wie ich fand. Aber Susanne war immer noch begeistert. Wir sprachen über Grundideen und Zeiträume. Als ich die beiden zwei Stunden später wieder zum Bahnsteig brachte – immer noch auf Handtüchern – und dem davonrollenden Zug hinterhersah, dachte ich: Jetzt schreibst du also ein Buch.

Die erste Gliederung, die ich einreichte, unterschied sich sehr von dem, was ich letztendlich abgab. Ich wollte nur über die Schafe schreiben, über Herdengründung, Hütehunde und Zäunestecken. Aber als ich die ersten Seiten füllte, merkte ich, dass es diese Geschichten nicht ohne die meine gab. Und so schrieb ich auch über mich.

Als ich Susanne kurz vor Beendigung meiner Schreibarbeit fragte, wie sie nur durch Lesen des Artikels und Betrachten zweier Bilder darauf gekommen wäre, ich könne ein Buch schreiben, antwortete sie unter anderem: «Du lebst ein Leben, das viele Menschen idealisieren. Mich haben die Ecken und Kanten interessiert, die dahinterstehen.»

Ich dachte: Dann hast du ja alles richtig gemacht.

Ich weiß, dass die Art, wie ich mein Leben führe, in der heutigen Zeit als ein Inbegriff von Harmonie und Naturverbundenheit gesehen wird. Das akzeptiere ich. Aber mir war wichtig zu zeigen, dass hinter dem Augenscheinlichen auch sehr viel Arbeit, Verantwortung und Mut stecken. In wie vielen Nächten lag ich schlaflos im Bett, weil ich nicht wusste, wovon ich das Essen für Kind und Tiere kaufen sollte? Durch wie viele Stürme und Regengüsse bin ich auf die Weide gegangen? Wie viele Krankheiten der Tiere habe ich schon behandelt und tue es noch?

Ich idealisiere mein Leben nicht. Es ist das Leben, das meinem Wesen entspricht. Ich hätte ebenso Lehrerin, Fachverkäuferin oder Steuerberaterin werden können. Ich bewundere Menschen, die diesen Berufen nachgehen. Ich könnte es nicht.

Als ich das dritte Kapitel beendet hatte, gab ich verschiedenen Freunden Teile meiner Arbeit zu lesen. Ich wollte wissen, wie das, was ich schrieb, bei Menschen unterschiedlichster Couleur ankam.

Einer von ihnen, selbst Landwirt auf einem norddeutschen Hof, schrieb mir ein paar Tage später. Er war tief berührt von den Botschaften der Tiere, dem Vertrauen, mit dem ich meinen Weg eingeschlagen hatte, und der Authentizität, mit der ich mein Leben lebte. Das war genau das, was ich vermitteln wollte. Ich war sehr glücklich. Über eine Formulierung seiner Nachricht stolperte ich aber: Über die Kompensation der Einsamkeit durch Tiere.

Ich hatte mich nie gefühlt, als müsste ich etwas aufwiegen, wenn ich auf der Weide oder im Stall saß. Für mich waren das Zeiten, in denen ich das Tun und Wirken meiner Mitmenschen verstehen wollte. In denen ich meinen Platz unter ihnen zu finden suchte, ohne mich zu sehr beeinflussen zu lassen. Bei mir bleiben, das wollte ich, wenn ich diese Pausen brauchte.

Aber ich nahm seine Worte zum Anlass, über Menschen in meinem Leben nachzudenken. Denn natürlich fühlte ich mich manchmal einsam, und das nicht zu knapp. Aber da waren Menschen. Und sie waren da, wenn ich mich gerade wieder besonders einsam fühlte.

Da ist zuerst Para. Sie sagt, dass ich mich damals sehr gesträubt hätte, sie in meiner Firma aufzunehmen. Ich bin der festen Überzeugung, dass sie sich gesträubt hat. Ich wollte sie unbedingt, wusste damals nur nicht, ob ich ihr die Sicherheit und Anerkennung bieten konnte, die ich ihr bieten wollte. Umso fester wurde das Band zwischen uns, als sich aus dem Arbeitsverhältnis unsere Freundschaft ergab. Para hielt in jeder noch so düsteren Zeit meines Lebens zu mir. Selbst als ich sie im Zuge der Steuerkrise entlassen musste, stand sie am nächsten Tag bei mir, um mir als Freundin zu helfen, die nicht weniger gewordene Arbeit zu bewältigen. Als meine große Liebe in die Brüche ging, rief ich sie wieder und wieder an, um zu weinen und zu trauern, und wieder und wieder hörte sie mir zu und tröstete mich. Da nahm ich es gerne mit Humor, wenn ihr Mann im Hintergrund fragte: Na, die Dramaqueen?

Als ich das Kapitel über Amelie, mein Seelenschaf, schrieb, dachte ich, dass Para mein Seelenmensch ist. Ohne sie hätte mir das Leben der vergangenen Jahre weit mehr Blessuren zugefügt. Und als ich noch gar nicht so weit war, die Idee dieses Buches anzunehmen, war sie sich schon sicher, dass es genau das Richtige für mich ist. Ich hoffe, dass mein Leben langsam in ruhigeren Bahnen verlaufen wird. Aber selbst wenn nicht, weiß ich, dass Para da sein wird.

Dann ist da Ulrike. Wir kennen uns seit fast fünf Jahren. Vier davon haben wir uns gesiezt und nur telefoniert. Ging es anfänglich nur um zerbissene Augen und nicht enden wollende Durchfälle, merkte ich schnell, dass Ulrike ein Mensch war, der wie Para hinter die Dinge schaute. Immer öfter telefonierten wir über die Dinge in der Welt, der großen und der unsrigen. Über Böcke, die das Leben verlassen wollten, über Menschen, die einem das persönliche Glück nicht gönnten. Und über das Leben alleinstehender Frauen in der Jetztzeit. Ulrikes Fähigkeit, das Drama des Lebens mit Abstand zu betrachten, gab mir Zuversicht. Vor einem halben Jahr besuchte Ulrike mich dann. Wir tranken auf das Du und verbrachten zwei Tage zwischen Kinderbetreuung, langen Gesprächen und Schafumtrieben. Wir besiegelten eine Freundschaft, die schon lange eine war. Und obwohl sie sich selbst in einer Phase größter Prüfungen befand, sowohl der des Lebens als auch der zum Steuerberater, stand sie mir immer für die Schafgespräche zur Verfügung. In ein paar Wochen kommt sie uns wieder besuchen.

Gertraude, die sich wie eine Großmutter immer und sofort um das Wohl meines Kindes, meiner Schafe und auch das meine kümmert. Ihr Mann, der mir half, zwischen mir und dem Finanzamt zu vermitteln. Und die mir beide halfen, als ich mit dem Rücken an der Wand stand.

Uwe, Andi, Jannecke. Meine Imkerfreunde Christine und Ivan.

Alex, mein joggender Nachbar, der oft als Erster sieht, wenn meine Schafe wieder alleine unterwegs sind. Der dann ein Foto macht und mir schickt, damit ich erkennen kann, dass es wirklich meine Schafe sind.

Tobi, der mir half, die Rückwand des Stalls zu erneuern, obwohl seine Freundin am nächsten Tag für zwei Monate nach Südamerika flog.

Johannes, der in stundenlanger Arbeit das sechste Kapitel aus den Tiefen des Laptops hervorholte, während ich panisch danebensaß.

Heinrich, der mal eben einen Viehtransporter an sein Auto hängt, um mir über 200 Kilometer eine Fußbadwanne für die Schafe zu bringen. Und der mir seit Jahren zu vermitteln versucht, dass ich unbedingt zur Kur muss. Heinrich, muss ich nicht.

Silia, ohne die dieses Buch nicht entstanden wäre. Denn Silia ist Journalistin und kam vor Jahren zu mir, um über eine Frau zu schreiben, die Naturkosmetik herstellt. Dieser Artikel ist nie erschienen. Und Silia hat mich nie vergessen. Sie brachte mich in die *Brigitte*, wo mich Susanne fand.

All die anderen, die mir jetzt nicht einfallen, sondern erst dann, wenn ich das Buch gedruckt in den Händen halte.

Meine kleine Familie. Lilli. Meine Mutter und Hanne. Die beiden ziehen in ein paar Wochen nach Göttingen, damit sie näher bei uns sind. Sie haben mir immer zur Seite gestanden und werden es immer tun. Das ist ein gutes Gefühl.

Natürlich gibt es auch die anderen. Die mir das Haus nicht gönnten. Denen ich nicht schnell genug die Gosse fege, das Laub harke, die Heuabdeckplanen wegräume. Denen ich zu erfolgreich bin oder zu erfolglos. Denen meine kurzen Haare ewiger Stein des Anstoßes sind. Sie sind das Lernfeld in meinem Leben. Noch rege ich mich auf, viel zu viel. Aber der Zeitpunkt wird kommen, an dem ich darüber hinwegsehen kann.

Immer wieder haben die Schafe über Respekt gesprochen. Respekt ihrer Lebensaufgabe gegenüber, Respekt gegenüber ihren Schicksalen. Ich musste lernen, dass ich in meinem Menschsein oft über ihre Geschichten hinweggegangen bin. Ich projizierte meine Angelegenheiten auf ihre. Wenn ich genervt auf die Weide fuhr, weil in der Firma etwas nicht so lief, wie es sollte. Wenn der Haushalt sich türmte und ich einfach zu müde war. Dann reichte nur ein schiefer Blick von Fleck oder ein übermütiger Sprung von Fips, um mich aus der Haut fahren zu lassen. Lass deinen Kopf zu Hause, hatte Wanda einmal gesagt. Wenn du so in deinen Emotionen bist, stehst du völlig neben dir. Dann bist du nicht du selbst. Dann fehlt es dir auch an Respekt.

Wie oft schon stand ich da in meinem Leben und dachte: Du musst endlich etwas Ordentliches machen. Du verplemperst deine Zeit, gehst hierhin und dorthin, aber nicht geradeaus. Das Schreiben dieses Buches hat mir gezeigt, dass ich schon sehr lange geradeaus gehe. Auf einigen Umwegen zwar, aber das unsichtbare Ziel immer vor Augen. Pipilotta war mein Start-up-Paket.

Manchmal habe ich mich treiben lassen, aber immer versucht, im richtigen Augenblick das Richtige zu tun. Nicht immer ist mir das geglückt, aber aus meiner Perspektive jetzt sieht es ziemlich gut aus. Das Buch hat mir Respekt vor mir selbst geschenkt.

Nun ist es also zu Ende, das Buch. Über so viele Wochen hat es mich begleitet. Hat mich weinen lassen und lachen. Hat mir Kopfschmerzen beschert und Wutanfälle. Hat mich stolz gemacht.

Ganz still wird es. Ich fahre jetzt auf die Weide. Zu meinen Schafen. Dorthin, wo das Leben tobt. Mein Leben.

ÜBER DIE AUTORIN

Thea Welland ist Agraringenieurin und Ökobäuerin. Sie lebt in Witzenhausen, gemeinsam mit ihrer Tochter Lilli, Hunden, Katzen, Hühnern und einer großen Milchschafherde. Ihre Naturkosmetik auf der Basis von Schafmilch vertreibt sie unter www.welland-naturseifen.de.

Jürgen Feder
Feders kleine Kräuterkunde
Das Essen liegt auf der Straße

Essbare Pflanzen vor unserer Haustür: neue Entdeckungstouren mit dem Extrembotaniker

Wer Jürgen Feder kennt, weiß: Das Essen liegt auf der Straße. Denn eine Menge Kräuter und Gewächse, die der Extrembotaniker auf Feld, Wald, Wiesen und auch auf dem Grünstreifen an der Ampel findet, sind essbar und eine Bereicherung für jeden Speiseplan. Viele Heilpflanzen an der Straßenecke warten nur darauf, als Tee oder Aufguss ihre wohltuende Wirkung zu entfalten. Jürgen Feder begleitet seine Leser auf ihrem Weg durch die Stadt und übers Land und zeigt ihnen leckere Pflanzen, an denen sie sonst achtlos vorbeigingen.

Weitere Informationen finden Sie unter **rowohlt.de**

272 Seiten